LIDERANDO *con* AMOR

Guía de estudio

Acerca del autor

Alexander Strauch ha servido como maestro y anciano pastor por más de treinta años en Littleton Bible Chapel en Littleton, Colorado. El y su esposa Marilyn tienen cuatro hijos y diez nietos.

La Editorial DIME ha publicado en español los siguientes libros de Alexander Strauch:

Liderazgo Bíblico de Ancianos. Un urgente llamado para restaurar el liderazgo bíblico en las iglesias.
— **Guía de estudio** para Liderazgo Bíblico de Ancianos.
— **Guía del mentor** para Liderazgo Bíblico de Ancianos.
— **Edición condensada** de Liderazgo Bíblico de Ancianos.
— **Guía Interactiva** de Liderazgo Bíblico de Ancianos.

El diácono del Nuevo Testamento. La vital importancia de su función de acuerdo a los principios bíblicos.
— **Guía de estudio** para El diácono del Nuevo Testamento.

Liderando con Amor. Las características bíblicas de cómo debe ser el carácter del líder cristiano.
— **Guía de estudio** para Liderando con amor.

Ama o muere. Un desafiante estudio de cómo cultivar el amor en la vida cristiana y en la iglesia local.

Si os mordéis y os coméis. El autor examina los pasajes bíblicos para solucionar los distintos tipos de conflictos personales, libertades en la vida cristiana y diferencias doctrinales.

INDICE

Introducción

Cómo conectar amor
y liderazgo

"Seguid el amor..."
1 Corintios 14:1

Esta guía está diseñada para que el líder y maestro cristiano pueda estudiar con otros líderes y maestros el libro *Liderando con amor* del mismo autor. Si usted es líder o enseña en cualquier nivel en la iglesia, como maestro de escuela dominical, con jóvenes, en el ministerio con hombres o mujeres, es administrador, director de música, anciano, diácono, pastor, misionero o evangelista, esta guía es para usted y sus colegas.

Jesucristo, el gran maestro y líder, entrenó a sus discípulos como grupo. Aprender a trabajar juntos en amor era importante para el adiestramiento de los discípulos. En realidad El les dio "un nuevo mandamiento" el amarse los unos a los otros como El los había amado. El mundo conocería que eran discípulos de Cristo por ser una comunidad de amor (Juan 13:34,35).

Siguiendo el ejemplo de Cristo, los cristianos aprenden a amar la Biblia, el libro de Dios, interactuando juntos, particularmente en el contexto de la iglesia, la familia de Dios. El amar como Cristo, no puede aprenderse solamente leyendo un libro y estando aislado de la gente. Matemáticas e historia pueden aprenderse leyendo un libro, pero no el amor. El amor requiere al menos de dos personas: el que ama y el que es amado.

Al estudiar el amor en el liderazgo, en comunión con otros líderes y maestros, adquirimos un mayor entendimiento de lo que es el liderazgo con amor. Además, y esto es muy importante,

7

creamos una atmósfera y mentalidad entre el liderazgo de la iglesia local que continuamente reforzará los principios bíblicos de liderazgo con amor y, como resultado, les ayudará a ser líderes más amorosos como Cristo.

Varias preguntas en este estudio requieren que usted explique el significado bíblico de algunos pasajes. Lo animo a usar la Biblia y las herramientas y comentarios bíblicos disponibles que le ayudarán a entender el significado de estos pasajes. Otras preguntas están diseñadas para que evalúe su ministerio en términos del amor y para que le ayuden a explicar los principios del Nuevo Testamento sobre el amor en el liderazgo. Todas las preguntas están orientadas para que aprenda: (1) lo indispensable del amor en el liderazgo cristiano, (2) el carácter y comportamiento de un líder cristiano y (3) las obras de un líder o maestro que ama.

Al estudiar juntos *"Liderando con amor"* cumplimos en parte el mandamiento de "seguid el amor" (1 Corintios 14:1). Pero recuerde que aprender a liderar con amor es un proceso de toda la vida, no tan sólo un estudio.

Guía del Maestro

Si guía o dirige un grupo de estudio de *"Liderando con amor"* le recomiendo que use la *Guía del maestro*. Allí encontrará las respuestas correctas de la *guía de estudio*, así como muchas sugerencias para reforzar el estudio.

Lección 1

El amor es indispensable para el liderazgo cristiano

Esta lección cubre las páginas 7 a 26 de *Liderando con amor*.
Lea estas páginas antes de hacer la lección.

Comience leyendo los siguientes pasajes:

"Procurad, pues, los dones mejores. Mas yo os muestro un camino aun más excelente. Si yo hablase lenguas humanas y angélicas, y no tengo amor, vengo a ser como metal que resuena, o címbalo que retiñe. Y si tuviese profecía, y entendiese todos los misterios y toda ciencia, y si tuviese toda la fe, de tal manera que trasladase los montes, y no tengo amor, nada soy. Y si repartiese todos mis bienes para dar de comer a los pobres, y si entregase mi cuerpo para ser quemado, y no tengo amor, de nada me sirve" (1 Corintios 12:31-13:3).

"Todas vuestras cosas sean hechas con amor" (1 Corintios 16:14).

"Y ante todo, tened entre vosotros ferviente amor; porque el amor cubrirá multitud de pecados" (1 Pedro 4:8).

"Y sobre todas estas cosas vestíos de amor, que es el vínculo perfecto" (Colosenses 3:14).

"No debáis a nadie nada, sino el amaros unos a otros; porque el que ama al prójimo, ha cumplido la ley" (Romanos 13:8).

"El que no ama, no ha conocido a Dios; porque Dios es amor" (1 Juan 4:8).

Cómo conectar amor y liderazgo

1. El autor señala cuatro razones para aplicar la doctrina del amor al liderazgo cristiano. ¿Cuál de estas cuatro razones encuentra más estimulante a su forma de pensar, acerca de la conexión entre amor y liderazgo? Explique por qué.

Capítulo 1: Cinco menos uno igual a cero

2. Al leer acerca de D. L. Moody y cómo él descubrió la doctrina bíblica del amor, ¿cuáles de sus declaraciones desafiaron más su consideración acerca del amor? Explique dos de ellas.

3. Aparte de Jesucristo, ¿por qué es Pablo la figura más importante del Nuevo Testamento en relación a la doctrina bíblica del amor en el liderazgo? Dé algunas razones.

4. Usando los siguientes versículos describa el estilo de liderazgo de Pablo y su carácter antes de su conversión en el camino a Damasco (Hechos 9:3-9).

◆ *"Y Saulo (Pablo) asolaba la iglesia, y entrando casa por casa, arrastraba a hombres y a mujeres, y los entregaba en la cár-* cel" (Hechos 8:3).

◆ *"Saulo, respirando aún amenazas y muerte contra los discípulos del Señor"* (Hechos 9:1).

◆ *"Y muchas veces, castigándolos en todas las sinagogas, los forcé a blasfemar; y enfurecido sobremanera contra ellos, los perseguí hasta en las ciudades extranjeras"* (Hechos 26:11).

◆ *"Porque ya habéis oído acerca de mi conducta en otro tiempo en el judaísmo, que perseguía sobremanera a la iglesia de Dios, y la asolaba"* (Gálatas 1:13).

◆ *"habiendo yo sido antes blasfemo, perseguidor e injuriador;* (1 Timoteo 1:13a).

5. ¿Qué revelan los siguientes versículos acerca del estilo y carácter de Pablo después de su conversión a Cristo?

"Verdad digo en Cristo, no miento, y mi conciencia me da testimonio en el Espíritu Santo, que tengo gran tristeza y con- tinuo *dolor en mi corazón. Porque deseara yo mismo ser anatema,* sepa- *rado de Cristo, por amor a mis hermanos, los que son mis* parien- *tes según la carne"* (Romanos 9:1-3).

"Mi amor en Cristo Jesús esté con todos vosotros. Amén" (1 Corintios 16:24).

"No que nos enseñoreemos de vuestra fe, sino que colaboramos para vuestro gozo; porque por la fe estáis firmes" (2 Corintios 1:24).

"Porque por la mucha tribulación y angustia del corazón os escribí con muchas lágrimas, no para que fueseis contristados, sino para que supieseis cuán grande es el amor que os tengo" (2 Corintios 2:4).

"Antes bien, nos recomendamos en todo como ministros de Dios, en mucha paciencia, en tribulaciones, en necesidades, en angustias; ... en pureza, en ciencia, en longanimidad, en bondad, en el Espíritu Santo, en amor sincero" (2 Corintios 6:4,6).

"No lo digo para condenaros; pues ya he dicho antes que estáis en nuestro corazón, para morir y para vivir juntamente" (2 Corintios 7:3).

"He aquí, por tercera vez estoy preparado para ir a vosotros; y no os seré gravoso, porque no busco lo vuestro, sino a vosotros, pues no deben atesorar los hijos para los padres, sino los padres para los hijos. Y yo con el mayor placer gastaré lo mío, y aun yo mismo me gastaré del todo por amor de vuestras almas, aunque amándoos más, sea amado menos" (2 Corintios 12:14-15).

"Porque Dios me es testigo de cómo os amo a todos vosotros con el entrañable amor de Jesucristo" (Filipenses 1:8).

"Así que, hermanos míos amados y deseados, gozo y corona mía, estad así firmes en el Señor, amados" (Filipenses 4:1).

"Antes fuimos tiernos entre vosotros, como la nodriza que cuida con ternura a sus propios hijos. Tan grande es nuestro afecto por vosotros, que hubiéramos querido entregaros no sólo el evangelio de Dios, sino también nuestras propias vidas; porque habéis llegado a sernos muy queridos. ...así como también sabéis de qué modo, como el padre a sus hijos, exhortábamos y consolábamos a cada uno de vosotros, y os encargábamos que anduvieseis como es digno de Dios, que os llamó a su reino y gloria" (1 Tesalonicenses 2:7-8, 11-12).

Reflexión

Mucho trabajo se hace dentro de la iglesia local (y entre iglesias locales) por medio de grupos de trabajo como ancianos, diáconos, miembros de juntas, miembros de comités y reuniones de iglesia. Mientras más trabajemos juntos, más conoceremos nuestras fallas y malos hábitos que hacen de la convivencia una frustración. Comprender los principios de amor del Nuevo Testamento nos ayudará considerablemente a una buena relación dentro de los grupos de liderazgo, de juntas y de vida congregacional en general.

Liderando con amor, páginas 8 y 9

---

6. Teniendo en cuenta lo que hemos visto sobre el cambio de carácter y estilo de liderazgo de Pablo, ¿qué cambios quisiera hacer en su ministerio con la gente?

7. 1 Corintios 13:1-3 es considerado uno de los pasajes más bellamente escritos por Pablo. ¿Cuál es el punto principal de esta obra maestra de la literatura?

8. La Escritura enseña que los dones espirituales son dados divinamente de lo alto. De acuerdo a los siguientes pasajes, ¿cuál es el objetivo de Dios al dar estos dones?

Pero a cada uno le es dada la manifestación del Espíritu para provecho. ...para que no haya desavenencia en el cuerpo, sino que los miembros todos se preocupen los unos por los otros" (1 Corin- tios 12:7,25).

"Pero el que profetiza habla a los hombres para edificación, exhortación y consolación. El que habla en lengua extraña, a sí mismo se edifica; pero el que profetiza, edifica a la iglesia. Así que, quisiera que todos vosotros hablaseis en lenguas, pero más que profetizaseis; porque mayor es el que profetiza que el que habla en lenguas, a no ser que las interprete para que la iglesia reciba edificación. Así también vosotros; pues que anheláis dones espirituales, procurad abundar en ellos para edificación de la iglesia. Porque tú, a la verdad, bien das gracias; pero el otro no

es edificado. ...pero en la iglesia prefiero hablar cinco palabras con mi entendimiento, para enseñar también a otros, que diez mil palabras en lengua desconocida. ¿Qué hay, pues, hermanos? Cuando os reunís, cada uno de vosotros tiene salmo, tiene doctrina, tiene lengua, tiene revelación, tiene interpretación. Hágase todo para edificación. Porque podéis profetizar todos uno por uno, para que todos aprendan, y todos sean exhortados" (1 Corintios 14:3, 4 ,5, 12, 17, 19, 26, 31).

"Y él mismo constituyó a unos, apóstoles; a otros, profetas; a otros, evangelistas; a otros, pastores y maestros, a fin de perfeccionar a los santos para la obra del ministerio, para la edificación del cuerpo de Cristo, hasta que todos lleguemos a la unidad de la fe y del conocimiento del Hijo de Dios, a un varón perfecto, a la medida de la estatura de la plenitud de Cristo; para que ya no seamos niños fluctuantes, llevados por doquiera de todo viento de doctrina, por estratagema de hombres que para engañar emplean con astucia las artimañas del error, sino que siguiendo la verdad en amor, crezcamos en todo en aquel que es la cabeza, esto es, Cristo, de quien todo el cuerpo, bien concertado y unido entre sí por todas las coyunturas que se ayudan mutuamente, según la actividad propia de cada miembro, recibe su crecimiento para ir edificándose en amor" (Efesios 4:11-16).

"Cada uno según el don que ha recibido, minístrelo a los otros, como buenos administradores de la multiforme gracia de Dios. Si alguno habla, hable conforme a las palabras de Dios; si alguno ministra, ministre conforme al poder que Dios da, para que en todo sea Dios glorificado por Jesucristo, a quien pertenecen la gloria y el imperio por los siglos de los siglos. Amén" (1 Pedro 4:10-11).

9. ¿De qué manera (s) los corintios interpretaron mal el objetivo de Dios de los dones y erraron al ponerlos en práctica?

10. Siendo un líder o maestro cristiano, ¿cómo puede usted evitar repetir los mismos pecados y errores que los corintios cometieron en relación con la práctica de los dones espirituales y el servicio a los demás?

11. Anote algunas de las razones por las cuales el "conocimiento" sin amor es peligroso para la iglesia local y todo el cuerpo de Cristo en general.

12. Explique cómo es posible que una persona pueda dar todas sus posesiones para alimentar a los pobres y aún así hacerlo sin amor. ¿Puede dar un ejemplo bíblico de un sacrificio hecho sin amor?

13. ¿Qué piensa usted cuál fue la reacción de los corintios al escuchar por primera vez la carta de Pablo en la reunión de la congregación? Use su imaginación al contestar.

14. ¿Cómo esta *Lección 1* de 1 Corintios 13:1-3 ha cambiado su manera de pensar acerca de usted mismo y del ministerio que Dios le ha dado?

_____

Reflexión

Sin amor, nuestros dones más extraordinarios y nuestras realizaciones superiores, resultan sin fruto para la iglesia y ante Dios. En la forma de pensar de Pablo, nada tiene valor espiritual duradero a menos que surja del amor.

Liderando con amor, página 24

_____

Lección 2

El amor es indispensable para el liderazgo cristiano

Esta lección cubre las páginas 27 a 47 de *Liderando con amor.* Lea estas páginas antes de hacer la lección.

Comience leyendo los siguientes pasajes:

"Yo conozco tus obras, y tu arduo trabajo y paciencia; y que no puedes soportar a los malos, y has probado a los que se dicen ser apóstoles, y no lo son, y los has hallado mentirosos; ... Pero tengo contra ti, que has dejado tu primer amor. Recuerda, por tanto, de dónde has caído, y arrepiéntete, y haz las primeras obras; pues si no, vendré pronto a ti, y quitaré tu candelero de su lugar, si no te hubieres arrepentido" (Apocalipsis 2:2, 4-5).

"Porque el amor de Cristo nos constriñe, pensando esto: que si uno murió por todos, luego todos murieron; y por todos murió, para que los que viven, ya no vivan para sí, sino para aquel que murió y resucitó por ellos" (2 Corintios 5:14-15).

"Jesús le dijo: Amarás al Señor tu Dios con todo tu corazón, y con toda tu alma, y con toda tu mente. Este es el primero y grande mandamiento. Y el segundo es semejante: Amarás a tu prójimo como a ti mismo. De estos dos mandamientos depende toda la ley y los profetas" (Mateo 22:37-40).

"Un mandamiento nuevo os doy: Que os améis unos a otros como yo os he amado, que también os améis unos a otros. En esto conocerán todos que sois mis discípulos, si tuviereis amor los unos con los otros" (Juan 13:34-35).

Capítulo 2: Ame o muera

1. La iglesia en la ciudad de Efeso tenía muchas cualidades sobresalientes. ¿Cuáles eran esas cualidades positivas? (Apocalipsis 2:1-3, 6).

2. Aún con todas esas cualidades sobresalientes había algo terriblemente mal en la iglesia de Efeso. En sus propias palabras, describa el problema claramente. Sea lo más específico posible.

3. **a.** Usando términos bíblicos, describa el tipo de amor que Dios requiere de su pueblo hacia El.

b. Describa el tipo de amor que Dios requiere entre creyentes.

c. Describa el tipo de amor que Dios requiere del creyente hacia los incrédulos.

Reflexión

La falta de amor es mortal, es como un cáncer. Puede matar lentamente, pero siempre mata al final. Temámosle; tengamos temor de darle cabida así como tememos a una víbora. Es más mortal que una cobra, y así como una gota de ese veneno casi invisible al ser inyectado se riega por el cuerpo de la víctima, asimismo una gota de esta hiel – llamada falta de amor – en el corazón, aunque invisible, tiene el terrible poder de propagarse en toda la familia, porque somos un cuerpo y parte los unos de los otros.

Si detecta falta de amor, deje todo a un lado y trate de resolverlo tan pronto como sea posible.

Amy Carmichael

---

4. Anote los tres remedios que Jesús dio a esta iglesia sin amor (Apocalipsis 2:5, 7), y explique cómo la iglesia local puede implementarlos.

5. ¿Cómo contestaría a alguien que acusa a Jesucristo de no ser amoroso por su trato severo y amenaza de juicio a la iglesia de Efeso? (consulte Hechos 20:28; Hebreos 12:5-11; Apocalipsis 3:19).

6. ¿Qué tipo de responsabilidades sugiere Apocalipsis 2:2-6 que deben tener los líderes y maestros como parte de su trabajo?

7. ¿Cómo deberían impactar las verdades de Apocalipsis 2:4,5 en la vida espiritual del líder y maestro cristiano?

El arrepentimiento y la revitalización espiritual son tareas interminables en un mundo saturado por el pecado. Por lo tanto, los líderes y maestros de la iglesia deben estar preparados para guiar a la congregación al arrepentimiento ante la falta de amor y el amor hipócrita (Romanos 12:9). El amor puede ser revivido y alimentado (Apocalipsis 2:5). El fuego puede ser encendido otra vez. Las personas pueden ser rededicadas a Cristo y también unos a otros. La fresca vida del amor puede ser impartida en la oración, el estudio bíblico, el evangelismo, la adoración y la comunión con otros. Para ese fin es que debemos continuamente orar y trabajar.

Liderando con amor, página 35

Capítulo 3: El poder motivador del amor

8. En 2 Corintios 5:14-15, Pablo explica el poder motivador de su vida:

"Porque el amor de Cristo nos constriñe, pensando esto: que si uno murió por todos, luego todos murieron; y por todos murió, para que los que viven, ya no vivan para sí, sino para aquel que murió y resucitó por ellos".

Es esencial que entendamos este pasaje tan significativo de la Escritura. Dé una breve explicación de las siguientes observaciones. Puede usar un buen comentario u otras herramientas bíblicas.

a. ¿Qué significa la palabra *constriñe* en este contexto? En inglés la traducción es *controla* (griego, *synechō)*.

b. *"Porque el amor de Cristo nos controla..."*

c. ¿Qué significa la palabra *pensando* o *concluyendo* (griego *Krinō*) en este contexto? ¿Qué aspecto está enfatizando Pablo con esta palabra clave?

d. *"Asimismo todos murieron..."*

e. *"Los que viven no deben ya vivir para sí, sino para aquel que murió y resucitó por ellos".*

9. ¿Cómo puede una buena comprensión de 2 Corintios 5:14, 15 mejorar su liderazgo y ministerio de enseñanza?

Si Jesucristo es Dios y murió por mí, entonces ningún sacrificio que yo pueda hacer por El, es demasiado grande.

C.T. Studd

10. En Efesios 3:17-19, Pablo ora al Padre para que seamos fortalecidos por el Espíritu Santo de Dios y así comprendamos el sorprendente "amor de Cristo".

"Para que habite Cristo por la fe en vuestros corazones, a fin de que, arraigados y cimentados en amor, seáis plenamente capaces de comprender con todos los santos cuál sea la anchura, la longitud, la profundidad y la altura, y de conocer el amor de Cristo, que excede a todo conocimiento, para que seáis llenos de toda la plenitud de Dios".

¿Por qué es esencial para usted como líder cristiano entender este sorprendente amor de Cristo y continuar profundizándolo a travéz de toda la vida?

11. En la lectura de esta lección encontramos ejemplos de personas que fueron motivadas y transformadas por el "amor de Cristo", ¿cuál fue el que más tocó su mente y corazón? Explique por qué.

12. ¿Cuál es la conexión entre el ministerio del líder y el "primer

y gran mandamiento" de amar a Dios con todo nuestro ser?
Anote todas las posibles respuestas.

Reflexión

Debemos continuamente mejorar nuestras habilidades de liderazgo, disciplina personal, buen uso del tiempo, relaciones interpersonales y enseñanza. Pero por encima de todo debemos buscar aumentar nuestro conocimiento y gozo en Cristo y profundizar nuestro amor por El (Filipenses 3:8-14).

Liderando con amor, página 41

---

13. A continuación encontrará una lista que le ayudará a desarrollar y mantener *un relación de amor más profunda con Dios por medio de Jesucristo:*

(1) Por compromiso personal (con la ayuda del Espíritu Santo) obedeciendo "el primer y gran mandamiento" de amar a Dios sin reservas y al Señor Jesucristo por sobre todos. (Deuteronomio 6:4, 5; 13:3; Josué 23:11; Salmo 27:4; Mateo 10:37, 22:37, 38; Marcos 12:28-34; Lucas 10: 25-28, 14:26; Juan 21:15-17; Filipenses 1;21, 3:13, 14).

(2) Viviendo en obediencia a los mandamientos de Cristo *"Pues este es el amor a Dios, que guardemos sus mandamientos; y sus mandamientos no son gravosos"* (1 Juan. 5:3).

(3) No amando al mundo y sus ídolos. *"No améis al mundo,*

ni las cosas que están en el mundo. Si alguno ama al mundo, el
amor del Padre no está en él. !Oh almas adúlteras! ¿No sabéis
que la amistad del mundo es enemistad contra Dios? Cualquiera,
pues, que quiera ser amigo del mundo, se constituye enemigo de
Dios" (1 Juan 2:15; Santigo 4:4).

(4) Amando y sirviendo al pueblo de Dios. *"Si alguno dice:*
Yo amo a Dios, y aborrece a su hermano, es mentiroso. Pues el
que no ama a su hermano a quien ha visto, ¿cómo puede amar a
Dios a quien no ha visto? Y nosotros tenemos este mandamien-
to de él: El que ama a Dios, ame también a su hermano. Amados,
si Dios nos ha amado así, debemos también nosotros amarnos
unos a otros. Nadie ha visto jamás a Dios. Si nos amamos unos
a otros, Dios permanece en nosotros, y su amor se ha perfecciona-
do en nosotros. La religión pura y sin mácula delante de Dios el
Padre es ésta: Visitar a los huérfanos y a las viudas en sus tribu-
laciones, y guardarse sin mancha del mundo" (1 Juan 4:20-21, 11-
12; Santiago 1:27).

(5) Leyendo, estudiando y meditando en la Palabra de
Dios, para poder conocerle como el gran Dios que es.
(Deuteronomio 17:18-20), *"...pues considerad cuán grandes*
cosas ha hecho por vosotros" (1 Samuel 12:24).

D.A. Carson dice sin reservas:

"Dudo que sea posible obedecer el gran mandamiento
sin leer mucho la Escritura... ¿Cómo podemos amarle
con alma y mente si no aumentamos nuestro conocimiento de El, saber lo que ama, lo que desea, lo que declara y
lo que aborrece y prohíbe?".

(6) Orando continuamente a Dios. *"...constantes en la*
oración" (Romanos 12:12). Esto incluye confesión de pecado, adoración e intercesión por otros.

(7) Adorando a Dios, en alabanza, canto, acción de gracias

y recordando su sacrificio expiatorio a través de los elementos del pan y la copa (1 Corintios 11:23-32; Apocalipsis 5:9-14).

a. De estas siete maneras de profundizar nuestra relación de amor con Dios por medio de Cristo, ¿cuáles son las dos más difíciles para practicar consistentemente? Explique por qué.

b. De estas siete maneras de profundizar nuestra relación de amor con Dios por medio de Cristo, ¿cuáles son las dos que más le ayudan a mantener su relación con Cristo? Explique por qué.

c. De estas siete maneras de profundizar nuestra relación de amor con Dios por medio de Cristo, ¿cuál de éstas merecen su atención inmediata? Describa los varios pasos que tomará para poder implementarla.

_____

Reflexión

Si permito que mi trabajo se interponga entre el Señor y yo, será de poco valor. Solamente podemos servir efectivamente a

Cristo si disfrutamos de El. Esto significa que mientras el corazón está lleno de Cristo por su atracción poderosa, las manos pueden efectuar un servicio aceptable a su nombre. El hombre que presenta a Cristo a otros debe estar él mismo ocupado con Cristo.

C.H. Mackintosh

---

14. Es importante para el ministerio de su liderazgo que entienda el "nuevo mandamiento" de Juan 13:34, 35:

"Un mandamiento nuevo os doy: Que os améis unos a otros; como yo os he amado, que también os améis unos a otros. En esto conocerán todos que sois mis discípulos, si tuviereis amor los unos con los otros".

a. A la luz de los mandamientos del Antiguo Testamento sobre amar a Dios y al prójimo (Deuteronomio 6:4-5; Levítico 19:18). ¿Qué es lo "nuevo" acerca del "nuevo mandamiento" de Jesús?

b. ¿Cuáles son las características principales del liderazgo marcado por este "nuevo mandamiento"? (Juan 13:34; 1 Juan 3:16; Efesios 5:2, 26).

15. Los versículos siguientes expresan el amor sacrificial de Pablo hacia sus convertidos. Léalos cuidadosamente y en oración:

◆ "...como me es justo sentir esto de todos vosotros, por cuanto os tengo en el corazón; y en mis prisiones, y en la defensa y confirmación del evangelio, todos vosotros sois participantes conmigo de la gracia. Porque Dios me es testigo de cómo os amo a todos vosotros con el entrañable amor de Jesucristo" (Filipenses 1:7-8).

◆ "Así que, hermanos míos amados y deseados, gozo y corona mía, estad así firmes en el Señor, amados" (Filipenses 4:1).

◆ "Antes fuimos tiernos entre vosotros, como la nodriza que cuida con ternura a sus propios hijos. Tan grande es nuestro afecto por vosotros, que hubiéramos querido entregaros no sólo el evangelio de Dios, sino también nuestras propias vidas; porque habéis llegado a sernos muy queridos" (1 Tesalonisenses 2:7-8).

◆ "Porque por la mucha tribulación y angustia del corazón os escribí con muchas lágrimas, no para que fueseis contristados, sino para que supieseis cuán grande es el amor que os tengo" (2 Corintios 2:4).

◆ "No lo digo para condenaros; pues ya he dicho antes que estáis en nuestro corazón, para morir y para vivir juntamente" (2 Corintios 7:3).

◆ "He aquí, por tercera vez estoy preparado para ir a vosotros; y no os seré gravoso, porque no busco lo vuestro, sino a vosotros, pues no deben atesorar los hijos para los padres, sino los padres para los hijos. Y yo con el mayor placer gastaré lo mío, y aun yo mismo me gastaré del todo por amor de vuestras almas, aunque amándoos más, sea amado menos" (2 Corintios 12:14, 15).

◆ "Hijitos míos, por quienes vuelvo a sufrir dolores de parto, hasta que Cristo sea formado en vosotros" (Gálatas 4:19).

◆ *"...el cual [Onésimo] vuelvo a enviarte; tú, pues, recíbele como a mí mismo"* (Filemón 12).

a. Escogiendo de esta lista de versículos, escriba cuatro declaraciones de Pablo que usted cree expresan mejor su amor sacrificial hacia sus convertidos.

b. ¿Qué declaración de los pasajes mencionados le ayudará más a mejorar su ministerio de enseñanza o de liderazgo con las personas?

_____

Reflexión

"No lo vuestro, sino vosotros" es el lema de cada ministro que ha aprendido de Cristo.

James Denny

_____

Lección 3

El carácter y la conducta
de un líder que ama

Esta lección cubre las páginas 51 a 71 de *Liderando con Amor*.
Lea estas páginas antes de hacer la lección.

Comience leyendo los siguientes pasajes:

"El amor es sufrido, es benigno; el amor no tiene envidia, el amor no es jactancioso, no se envanece; no hace nada indebido, no busca lo suyo, no se irrita, no guarda rencor; no se goza de la injusticia, mas se goza de la verdad. Todo lo sufre, todo lo cree, todo lo espera, todo lo soporta" (1 Corintios 13:4-7).

"No damos a nadie ninguna ocasión de tropiezo, para que nuestro ministerio no sea vituperado; antes bien, nos recomendamos en todo como ministros de Dios, en mucha paciencia, en tribulaciones, en necesidades, en angustias; en azotes, en cárceles, en tumultos, en trabajos, en desvelos, en ayunos; en pureza, en ciencia, en longanimidad, en bondad, en el Espíritu Santo, en amor sincero" (2 Corintios 6:3-6).

"También os rogamos, hermanos, que amonestéis a los ociosos, que alentéis a los de poco ánimo, que sostengáis a los débiles, que seáis pacientes para con todos" (1 Tesalonisenses 5:14).

"Porque el siervo del Señor no debe ser contencioso, sino amable para

con todos, apto para enseñar, sufrido; que con mansedumbre corrija a los que se oponen, por si quizá Dios les conceda que se arrepientan para conocer la verdad" (2 Timoteo 2:24-25)

Capítulo 4: Es paciente y bondadoso

1. ¿Qué quiere decir el autor cuando dice que "en el ministerio cristiano, el carácter es todo"? (página 53).

_____

Reflexión

Uno de los capítulos más importantes de la Biblia para la vida de la iglesia local y del liderazgo cristiano es 1 Corintios 13. Defina cómo debemos comportarnos en el matrimonio, con las amistades, la iglesia y la sociedad.

Liderando con amor, página 53

_____

Repase las 15 descripciones del amor dadas por Pablo:

1. Paciente
2. Bondadoso

_____

3. No es envidioso	Se alegra en el éxito de otros
4. No es orgulloso	Promueve a otros
5. No es arrogante	Es humilde y modesto
6. No es descortés	Demuestra buen decoro
7. No es egoísta	Es sacrificial

8. No se enoja fácilmente   Es calmado
9. No guarda rencor   Es perdonador
10. No se regocija en la injusticia
11. Se regocija en la verdad

_____

12. Todo lo sufre
13. Todo lo cree
14. Todo lo espera
15. Todo lo soporta

2. De estas 15 cualidades, ¿cuáles son las dos que como líder o maestro necesita ocuparse más en mejorar para que su carácter sea mejor? Explique por qué.

3. ¿Qué significa la palabra paciencia, en la manera que es usada en 1 Corintios 13:4?

4. ¿Qué le enseñan los siguientes pasajes sobre la paciencia?

"También os rogamos, hermanos, que amonestéis a los ociosos, que

alentéis a los de poco ánimo, que sostengáis a los débiles, que seáis pacientes para con todos" (1 Tesalonicenses 5:14).

"No damos a nadie ninguna ocasión de tropiezo, para que nuestro ministerio no sea vituperado; antes bien, nos recomendamos en todo como ministros de Dios, en mucha paciencia, en tribulaciones, en necesidades, ...en angustias; en pureza, en ciencia, en longanimidad, en bondad, en el Espíritu Santo, en amor sincero" (2 Corintios 6:3-4, 6).

"Mas el fruto del Espíritu es amor, gozo, paz, paciencia, benignidad, bondad, fe" (Gálatas 5: 22).

"Yo pues, preso en el Señor, os ruego que andéis como es digno de la vocación con que fuisteis llamados, con toda humildad y mansedumbre, soportándoos con paciencia los unos a los otros en amor" (Efesios 4:1-2).

"...que prediques la palabra; que instes a tiempo y fuera de tiempo; redarguye, reprende, exhorta con toda paciencia y doctrina" (2 Timoteo 4:2).

5. Escriba tres razones por qué la paciencia es esencialmente importante para guiar y enseñar a la gente.

Si le preguntáramos al Señor ¿cómo es un líder amoroso?, El contestaría: "paciente y bondadoso". Por eso Pablo comienza y termina su descripción del amor con la paciente y duradera naturaleza del amor (1 Corintios 13: 4, 7).

Liderando con amor, página 54

6. ¿A qué se refiere la declaración en la página 56 de que la paciencia "no es pasividad? Dé un ejemplo de su respuesta.

7. El liderazgo en las iglesias tiene que tratar con muchas personas distintas. ¿Qué pasos prácticos puede tomar para desarrollar la paciencia en su trato con las personas, y especialmente con las personas difíciles?

8. a. Defina la palabra bondad. Use un diccionario bíblico si desea.

b. Una historia bella donde se muestra la bondad de Dios a través de uno de sus siervos, es el relato del rey David hacia

Mefiboset, el hijo de Jonatán y nieto de Saúl (2 Samuel 9).
Describa las maneras en que David mostró bondad hacia
Mefiboset. Lea el pasaje.

9. El libro dice:

Los hechos de bondad impactan a las personas en gran manera y atraen su atención: una tarjeta enviada a un enfermo,
una llamada telefónica, una invitación a cenar, una disposición a ayudar en algo, una palabra cariñosa, una suave cari-
cia, un gesto amable, una simple expresión de preocupación
por los demás, una visita. (*Liderando con amor*, página 60).

a. De la lista de las acciones de bondad en el pasaje anterior,
¿puede encontrar las dos más fáciles de practicar con otros?
Explique por qué.

b. Identifique las áreas de su liderazgo y ministerio de enseñanza, donde debe mejorar sus actos bondadosos para con
otros. ¿Cómo los pondría en práctica efectivamente?

Capítulo 5: No es envidioso ni jactancioso

10. A continuación hay una lista de pecados y problemas que la iglesia en Corinto tenía. De acuerdo a su criterio, ¿qué pecados demuestran más la falta de amor de los creyentes hacia los demás? Anótelos y explique por qué.

- [ ] Rivalidades entre grupos por preferencia de maestros.
- [ ] Amor por la sabiduría del mundo.
- [ ] Juicios y demandas entre creyentes.
- [ ] Descuido de la disciplina en la iglesia.
- [ ] Inmoralidad sexual.
- [ ] Demostración egoísta del conocimiento y los dones espirituales.
- [ ] Desorden de conducta en las reuniones de la iglesia.
- [ ] Divisiones sociales y discriminación hacia el pobre y necesitado en la Cena del Señor.
- [ ] Borracheras en la Cena del Señor.
- [ ] Conflicto sobre comida ofrecida a ídolos y participación en fiestas paganas.
- [ ] Individuos arrogantes que criticaban el ministerio de Pablo y su enseñanza.
- [ ] Algunos que negaban la resurrección corporal de Cristo, y una falsa doctrina de espiritualidad, pensando que vivían en un estado espiritual exaltado.

Reflexión

Como resultado de los numerosos pecados en la iglesia, Pablo se ve obligado a adoptar una actitud negativa, describiendo ocho cualidades de carácter que son incompatibles con el amor y que dividían a la iglesia en Corinto tal como dividen a las iglesias actualmente. Esta lista sirve como propósito para corregir la conducta egoísta y guiar a "un camino más excelente".

Liderando con amor, página 64

11. Defina la palabra envidia.

12. Para eliminar el espíritu destructivo y envidioso en su vida, Jorge Müller escribió:

Cuando en el año 1832 ví cómo algunos queridos hermanos preferían el ministerio de mi amigo en vez del mío, me propuse con la fuerza que Dios da, el regocijarme en esto, en vez de sentir envidia por él. Dije con Juan el Bautista: "Nadie puede recibir nada si no le es dado de lo alto" (Juan 3:27). Resistiendo de esta manera al diablo, evitamos conflictos en nuestro corazón.

¿Qué es lo que Juan 3:27 enseña y qué ayudó a Jorge Müller a vencer su envidia hacia el talentoso líder Henry Craik? Considere todo el contexto de Juan 3:22-36.

13. Si usted persibe al destructor pecado de la envidia que llega a su corazón, ¿qué pasos recomienda el autor tomar para tratar con este pecado?

14. ¿Por qué la jactancia es dañina para un líder cristiano?

15. ¿Cuál es la diferencia entre el pecado de la jactancia y el compartir noticias de nuestro ministerio? (Ver Hechos 14:27, 15:3; Gálatas 2:1-14).

Reflexión

La jactancia no edifica ni ayuda en la iglesia. La jactancia no honra a Cristo, al contrario intimida y divide las personas y promueve la envidia en otros. La jactancia es particularmente aborrecible en un líder y estropea su carácter. Nunca desearemos personas así en nuestras iglesias como ejemplo para nuestras vidas.

Liderando con amor, página 69

---

16. Cuando se sienta tentado a hablar mucho de usted mismo con jactancia, ¿qué pasos específicos debe tomar para evitarlo? Vea los siguientes versículos.

"Digo, pues, por la gracia que me es dada, a cada cual que está entre vosotros, que no tenga más alto concepto de sí que el que debe tener, sino que piense de sí con cordura, conforme a la medida de fe que Dios repartió a cada uno.

Porque de la manera que en un cuerpo tenemos muchos miembros, pero no todos los miembros tienen la misma función" Romanos 12:3,4.

"Mas por él estáis vosotros en Cristo Jesús, el cual nos ha sido hecho por Dios sabiduría, justificación, santificación y redención; para que, como está escrito: El que se gloría, gloríese en el Señor" 1 Corintios 1:30,31

"Si vivimos por el Espíritu, andemos también por el Espíritu.No nos hagamos vanagloriosos, irritándonos unos a otros, envidiándonos unos a otros" Gálatas 5:25,26

"Porque el que se cree ser algo, no siendo nada, a sí mismo se engaña. Así que, cada uno someta a prueba su propia obra, y entonces tendrá motivo de gloriarse sólo respecto de sí mismo, y no en otro; porque cada uno llevará su propia carga" Gálatas 6:3-5.

Lección 4

El carácter y la conducta de un líder que ama

Esta lección cubre las páginas 73 a 92 de *Liderando con amor*. Lea estas páginas antes de hacer la lección.

Comience leyendo los siguientes pasajes:

"Digo, pues, por la gracia que me es dada, a cada cual que está entre vosotros, que no tenga más alto concepto de sí que el que debe tener, sino que piense de sí con cordura, conforme a la medida de fe que Dios repartió a cada uno. El amor sea sin fingimiento. Aborreced lo malo, seguid lo bueno. Unánimes entre vosotros; no altivos, sino asociándoos con los humildes. No seáis sabios en vuestra propia opinión" (Romanos 12:3, 9, 16).

"Nada hagáis por contienda o por vanagloria; antes bien con humildad, estimando cada uno a los demás como superiores a él mismo; no mirando cada uno por lo suyo propio, sino cada cual también por lo de los otros. Haya, pues, en vosotros este sentir que hubo también en Cristo Jesús, el cual, siendo en forma de Dios, no estimó el ser igual a Dios como cosa a que aferrarse, sino que se despojó a sí mismo, tomando forma de siervo, hecho semejante a los hombres; y estando en la condición de hombre, se humilló a sí mismo, haciéndose obediente hasta la muerte, y muerte de cruz" (Filipenses 2:3-8).

"Y manifiestas son las obras de la carne, que son: adulterio, fornicación, inmundicia, lascivia, idolatría, hechicerías, enemistades, pleitos, celos,

43

iras, contiendas, disensiones, herejías, envidias, homicidios, borracheras, orgías, y cosas semejantes a estas; acerca de las cuales os amonesto, como ya os lo he dicho antes, que los que practican tales cosas no heredarán el reino de Dios. Mas el fruto del Espíritu es amor, gozo, paz, paciencia, benignidad, bondad, fe, mansedumbre, templanza; contra tales cosas no hay ley" (Gálatas 5:19-23).

Capítulo 6: No es arrogante ni descortés

1. **a.** Defina la palabra jactancia como la usa Pablo en 1 Corintios 13:4.

b. Haga una lista de varias razones por las cuales la persona jactanciosa o arrogante no puede ser un líder o maestro cristiano.

Reflexión

Aquéllos que piensan mucho de sí mismos, no piensan lo suficiente.

Amy Carmichael

---

2. Diótrefes era un líder de una iglesia local, pero no era un líder con amor. Haga una lista de las deficiencias de Diótrefes.

"Yo [Juan] he escrito a la iglesia; pero Diótrefes, al cual le gusta tener el primer lugar entre ellos, no nos recibe. Por esta causa, si yo fuere, recordaré las obras que hace parloteando con palabras malignas contra nosotros; y no contento con estas cosas, no recibe a los hermanos, y a los que quieren recibirlos se lo prohíbe, y los expulsa de la iglesia" (3 Juan 9, 10).

3. Si tiene, aunque sea un poco el espíritu de Diótrefes en su corazón, (y muchos tienen el problema de querer controlar, más de lo que admiten), ¿qué haría para corregir esa actitud negativa? ¿Recuerda usted algunas porciones de la Escritura que pueden ayudarle a evitar el deseo de controlar a otros?

Reflexión

Fue a través del orgullo que el diablo se hizo diablo; el orgullo produce todas las otras faltas, es el mayor enemigo de la mente del creyente.

C.S. Lewis

---

4. ¿Qué nos enseña Dios en los siguientes versos acerca del orgullo?

"Amad a Jehová, todos vosotros sus santos; a los fieles guarda Jehová, y paga abundantemente al que procede con soberbia" (Salmos 31: 23).

"Seis cosas aborrece Jehová, y aun siete abomina su alma: El temor de Jehová es aborrecer el mal; la soberbia y la arrogancia, el mal camino, y la boca perversa, aborrezco. Abominación es a Jehová todo altivo de corazón; ciertamente no quedará impune" (Proverbios 6:16; 8:13; 16:5).

"Al que solapadamente infama a su prójimo, yo lo destruiré; no sufriré al de ojos altaneros y de corazón vanidoso" (Salmos 101:5).

"Jehová el Señor juró por sí mismo, Jehová Dios de los ejércitos ha dicho: Abomino la grandeza de Jacob, y aborrezco sus palacios; y entregaré al enemigo la ciudad y cuanto hay en ella" (Amós 6: 8).

"Porque de dentro, del corazón de los hombres, salen los malos pensamientos, los adulterios, las fornicaciones, los homicidios, los hurtos, las avaricias, las maldades, el engaño, la lascivia, la envidia, la maledicencia, la soberbia, la insensatez. Todas estas maldades de dentro salen, y contaminan al hombre" (Marcos 7: 21-23).

"Y para que la grandeza de las revelaciones no me exaltase desme-

didamente, me fue dado un aguijón en mi carne, un mensajero de Satanás que me abofetee, para que no me enaltezca sobremanera, respecto a lo cual tres veces he rogado al Señor, que lo quite de mí. Y me ha dicho: Bástate mi gracia; porque mi poder se perfecciona en la debilidad. Por tanto, de buena gana me gloriaré más bien en mis debilidades, para que repose sobre mí el poder de Cristo" (2 Corintios 12: 7-9).

"Pero él da mayor gracia. Por esto dice: Dios resiste a los soberbios, y da gracia a los humildes" (Santiago 4:6).

Igualmente, jóvenes, estad sujetos a los ancianos; y todos, sumisos unos a otros, revestíos de humildad; porque: Dios resiste a los soberbios, y da gracia a los humildes. (1 Pedro 5:5).

5. ¿Por qué es la humildad tan vitalmente importante para el maestro cristiano? (ver también páginas 75 a 78 y 168 a 169). Haga una lista de varias razones.

.

6. ¿Qué fue lo que le impactó más sobre la humildad, al leer los ejemplos de C. S. Lewis?

7. Como creyentes debemos humillarnos y actuar en humildad,

(Mateo 23:12; Lucas 14:11, 18:14; Santiago 4:10; 1 Pedro 5:5, 6).
¿Qué hace usted como líder cristiano para mostrar su humildad
a otros?

Reflexión

**La humildad es la actitud normal de un siervo. Produce un
líder deseoso de aprender, más receptivo a la crítica constructi-
va, lo capacita para trabajar mejor con otros, lo prepara para
tratar con los fracasos y pecados de otras personas, le hace más
dispuesto a someterse a otros, menos propenso a pelear y más
pronto a reconciliar diferencias. Sin la humildad, uno no puede
ser un líder semejante a Cristo.**

Liderando con amor, página 76

---

8. Defina la palabra *descortés*

9. A medida que la sociedad se deteriora cada vez más, ¿qué
puede hacer en su casa e iglesia para enfrentar este problema
social?

Reflexión

Las personas que aman tienen en cuenta que su comportamiento afecta a los demás, aun en las cosas pequeñas. Aquéllos que poseen el amor de Dios, son sensibles en sus relaciones con los demás, en las conversaciones en público; son gentiles, tienen tacto y conducta apropiada tanto en la vestimenta como en el lenguaje y las acciones.

Liderando con amor, página 80

Capítulo 7: No es egoísta, ni se irrita fácilmente

10. Santiago y Juan "eran miembros del club de los egoístas" ¿Qué había de malo en la actitud de Santiago y Juan al querer estar sentados a la derecha e izquierda de Cristo en la gloria? (Marcos 10:35-45).

11. Bernabé muestra un excelente ejemplo de liderazgo con amor. Haga una lista de algunas de sus acciones amorosas hacia los demás que se encuentran en los siguientes pasajes bíblicos:

"Entonces José, a quien los apóstoles pusieron por sobrenombre Bernabé (que traducido es, Hijo de consolación), levita, natural de Chipre, como tenía una heredad, la vendió y trajo el precio y lo puso a los pies de los apóstoles" (Hechos 4:36-37).

"Ahora bien, los que habían sido esparcidos a causa de la persecución que hubo con motivo de Esteban, pasaron hasta Fenicia,

Chipre y Antioquía, no hablando a nadie la palabra, sino sólo a los judíos. Pero había entre ellos unos varones de Chipre y de Cirene, los cuales, cuando entraron en Antioquía, hablaron también a los griegos, anunciando el evangelio del Señor Jesús. Y la mano del Señor estaba con ellos, y gran número creyó y se convirtió al Señor. Llegó la noticia de estas cosas a oídos de la iglesia que estaba en Jerusalén; y enviaron a Bernabé que fuese hasta Antioquía. Este, cuando llegó, y vio la gracia de Dios, se regocijó, y exhortó a todos a que con propósito de corazón permaneciesen fieles al Señor.

Porque era varón bueno, y lleno del Espíritu Santo y de fe. Y una gran multitud fue agregada al Señor. Después fue Bernabé a Tarso para buscar a Saulo; y hallándole, le trajo a Antioquía. Y se congregaron allí todo un año con la iglesia, y enseñaron a mucha gente; y a los discípulos se les llamó cristianos por primera vez en Antioquía.

En aquellos días unos profetas descendieron de Jerusalén a Antioquía. Y levantándose uno de ellos, llamado Agabo, daba a entender por el Espíritu, que vendría una gran hambre en toda la tierra habitada; la cual sucedió en tiempo de Claudio. Entonces los discípulos, cada uno conforme a lo que tenía, determinaron enviar socorro a los hermanos que habitaban en Judea; lo cual en efecto hicieron, enviándolo a los ancianos por mano de Bernabé y de Saulo" (Hechos 11:19-30).

"Había entonces en la iglesia que estaba en Antioquía, profetas y maestros: Bernabé, Simón el que se llamaba Niger, Lucio de Cirene, Manaén el que se había criado junto con Herodes el tetrarca, y Saulo. Ministrando éstos al Señor, y ayunando, dijo el Espíritu Santo: Apartadme a Bernabé y a Saulo para la obra a que los he llamado. Entonces, habiendo ayunado y orado, les impusieron las manos y los despidieron.

Ellos, entonces, enviados por el Espíritu Santo, descendieron a Seleucia, y de allí navegaron a Chipre. Y llegados a Salamina, anunciaban la palabra de Dios en las sinagogas de los judíos.

Tenían también a Juan de ayudante" (Hechos 13:1-5).

Reflexión

Amor es el impulso de dar.

Robert Law

---

12. ¿Qué podemos hacer para seguir el ejemplo de Bernabé en el ministerio del liderazgo y la enseñanza hacia los demás? Sea específico.

Reflexión

Bernabé no era alguien que deseaba ser alabado o servido, sino el que lavaba los pies a otros (Juan 13: 14). El era quien exaltaba, no quien limitaba a los demás (Hechos 11: 19-24). El deseaba dar, más que recibir. Su amor era de la "variedad bondadosa" y no de la "variedad mezquina".

Liderando con amor, página 86

---

13. ¿Qué quiere significar Henry Drummond cuando dice que la ira es "el vicio del virtuoso"? (página 89).

14. La manifestación pecaminosa de la ira agrava los problemas, entorpece el juicio, distorsiona la realidad, inflama las emociones, agudiza los resentimientos, obstaculiza la resolución pacífica de los problemas, y provee una gran oportunidad al diablo para dividir a la gente (Efesios 4:26,27). La ira descontrolada es la principal razón por la que muchas personas son vencidas por el mal en sus relaciones con sus hermanos en Cristo (Romanos 12:21).

Usando los versículos siguientes describa lo que la Biblia dice acerca de la manifestación de la ira.

"El hombre iracundo promueve contiendas; mas el que tarda en airarse apacigua la rencilla" (Proverbios 15:18).

"El hombre iracundo levanta contiendas, y el furioso muchas veces peca" (Proverbios 29:22).

"Airaos, pero no pequéis; no se ponga el sol sobre vuestro enojo, ni deis lugar al diablo" (Efesios 4:26, 27).

"Pero ahora dejad también vosotros todas estas cosas: ira, enojo, malicia, blasfemia, palabras deshonestas de vuestra boca" (Colosenses 3:8).

"Y manifiestas son las obras de la carne, que son: adulterio, fornicación, inmundicia, lascivia, idolatría, hechicerías, enemistades, pleitos, celos, iras, contiendas, disensiones, herejías" (Gálatas 5:19, 20).

"Por esta causa te dejé en Creta, para que corrigieses lo deficiente, y establecieses ancianos en cada ciudad, así como yo te

mandé... Porque es necesario que el obispo sea irreprensible, como administrador de Dios; no soberbio, no iracundo, no dado al vino, no pendenciero, no codicioso de ganancias deshonestas" (Tito 1:5, 7);

"Por esto, mis amados hermanos, todo hombre sea pronto para oír, tardo para hablar, tardo para airarse; porque la ira del hombre no obra la justicia de Dios" (Santiago 1:19-20).

15. En un contraste marcado en cuanto a la ira descontrolada, odio, amargura, lenguaje abusivo, mal temperamento y palabras hirientes, las Escrituras nos animan a calmarnos, controlar nuestra ira, hablar con dulzura, dominio propio, con un espíritu suave y agradable y palabras alentadoras y sabias. Solamente si seguimos los principios bíblicos de conducta podremos disfrutar de una relación saludable en nuestro grupo y proveer un liderazgo que refleje a Cristo a la congregación.

Dedique un tiempo prudencial para leer y considerar los siguientes versículos. Seleccione los dos pasajes claves que considere más beneficiosos para ayudarle a mejorar sus habilidades a fin de guiar a las personas y las situaciones, sin llegar a la ira destructora. Brevemente explique por qué.

◆ *"Hay hombres cuyas palabras son como golpes de espada; mas la lengua de los sabios es medicina"* (Proverbios 12:18).

◆ *"El que tarda en airarse es grande de entendimiento; más el que es impaciente de espíritu enaltece la necedad"* (Proverbios 14:29).

◆ *"La blanda respuesta quita la ira; mas la palabra áspera ha-*

ce subir el furor" (Proverbios 15:1).

◆ *"La lengua apacible es árbol de vida; mas la perversidad d e ella es quebrantamiento de espíritu"* (Proverbios 15:4).

◆ *"El hombre iracundo promueve contiendas; mas el que tarda en airarse apacigua la rencilla"* (Proverbios 15:18).

◆ *"El que ahorra sus palabras tiene sabiduría; de espíritu prudente es el hombre entendido"* (Proverbios 17:27).

◆ *"Honra es del hombre dejar la contienda; mas todo insensato se envolverá en ella"* (Proverbios 20:3).

◆ *"Con larga paciencia se aplaca el príncipe, y la lengua blanda quebranta los huesos"* (Proverbios 25:15).

◆ *"...mas los sabios apartan la ira"* (Proverbios 29:8).

◆ *"Sea vuestra palabra siempre con gracia, sazonada con sal, para que sepáis cómo debéis responder a cada uno"* (Colosenses 4:6).

◆ *"¿Quién es sabio y entendido entre vosotros? Muestre por la buena conducta sus obras en sabia mansedumbre"* (Santiago 3:13).

Lección 5

El carácter y la conducta
de un líder que ama

Esta lección cubre las páginas 93 a 115 de *Liderando con amor*.
Lea estas páginas antes de hacer la lección.

Comience leyendo los siguientes pasajes:

"...no se goza de la injusticia, mas se goza de la verdad. Todo lo sufre, todo lo cree, todo lo espera, todo lo soporta. El amor nunca deja de ser; pero las profecías se acabarán, y cesarán las lenguas, y la ciencia acabará. Y ahora permanecen la fe, la esperanza y el amor, estos tres; pero el mayor de ellos es el amor" (1 Corintios 13:6-8; 13).

"Seguid el amor; y procurad los dones espirituales, pero sobre todo que profeticéis" (1 Corintios 14:1).

"...soportándoos unos a otros, y perdonándoos unos a otros si alguno tuviere queja contra otro. De la manera que Cristo os perdonó, así también hacedlo vosotros. Y sobre todas estas cosas vestíos de amor, que es el vínculo perfecto" (Colosenses 3:13-14).

"No lo digo para condenaros; pues ya he dicho antes que estáis en nuestro corazón, para morir y para vivir juntamente. Mucha franqueza tengo con vosotros; mucho me glorío con respecto de vosotros; lleno estoy de consolación; sobreabundo de gozo en todas nuestras tribula-

ciones. Me gozo de que en todo tengo confianza en vosotros" (2 Corintios 7:3, 4, 16).

"Amad, pues, la verdad y la paz" (Zacarías 8:19).

Capítulo 8: No guarda rencor, ni se goza de la injusticia

1. Detalladamente defina la palabra: *resentido*. Sea cuidadoso en entender el significado de este término.

2. ¿Por qué esta cualidad del amor ("no resentido") es particularmente importante para el líder cristiano?

3. Los que ejercen el liderazgo, frecuentemente experimentan heridas emocionales profundas producidas por aquellos a quienes ministran. ¿Qué pasos se pueden tomar para tratar correctamente con las heridas emocionales e injusticias de los demás? (ver páginas 95 a 99).

Escriba sus respuestas en columnas y no pase por alto este asunto. Es vital para su ministerio a fin de que usted sepa cómo tratar correctamente las heridas emocionales.

Reflexión

Todos nosotros hemos sido ofendidos por el mal que otros nos han causado. Todos hemos tenido que luchar con el perdón. Todos hemos tenido que deshacernos de los malos recuerdos y abandonar cualquier deseo de venganza, a fin de reconciliarnos con los que nos han ofendido. No sería posible vivir felizmente juntos en matrimonio o con otros creyentes en la iglesia local, si no fuera por el amor. Si rehusamos olvidar las heridas emocionales, si nos gozamos en mantener viejas heridas, si nos sentimos impulsados a vengarnos de nuestros enemigos, vamos a ser devorados por la amargura, el enojo y una actitud imperdonable. Seremos malos ejemplos y líderes ineficaces para Cristo.

Liderando con amor, página 95

4. En el capítulo 8, hay ocho historias de amor y perdón, comenzando con la de R.C. Chapman y terminando con John Perkings. ¿Cuál de esas historias es la que más le convenció de su necesidad de perdonar a aquéllos que le hirieron? Explique por qué.

5. ¿Qué enseñan los siguientes versículos acerca del perdón cristiano?

"Porque si perdonáis a los hombres sus ofensas, os perdonará también a vosotros vuestro Padre celestial; mas si no perdonáis a

los hombres sus ofensas, tampoco vuestro Padre os perdonará vuestras ofensas"(Mateo 6:1, -15).

"Otro de sus discípulos le dijo: Señor, permíteme que vaya primero y entierre a mi padre. Jesús le dijo: Sígueme; deja que los muertos entierren a sus muertos" (Mateo 18:21, 22).

"Mirad por vosotros mismos. Si tu hermano pecare contra ti, repréndele; y si se arrepintiere, perdónale. Y si siete veces al día pecare contra ti, y siete veces al día volviere a ti, diciendo: Me arrepiento; perdónale" (Lucas 17:3, 4).

"Y Jesús decía: Padre, perdónalos, porque no saben lo que hacen. Y repartieron entre sí sus vestidos, echando suertes" (Lucas 23: 34).

"Y puesto de rodillas, clamó a gran voz: Señor, no les tomes en cuenta este pecado. Y habiendo dicho esto, durmió" (Hechos 7:60).

"Le basta a tal persona esta reprensión hecha por muchos; así que, al contrario, vosotros más bien debéis perdonarle y consolar-le, para que no sea consumido de demasiada tristeza. Por lo cual os ruego que confirméis el amor para con él.
...para que Satanás no gane ventaja alguna sobre nosotros; pues no ignoramos sus maquinaciones" (2 Corintios 2:6-8, 11).

"Antes sed benignos unos con otros, misericordiosos, perdonándoos unos a otros, como Dios también os perdonó a vosotros en Cristo" (Efesios 4:32).

"...soportándoos unos a otros, y perdonándoos unos a otros si alguno tuviere queja contra otro. De la manera que Cristo os perdonó, así también hacedlo vosotros" (Colosenses 3:13).

Reflexión

El perdonar sin reproche, es un gran ejercicio de gracia; es imitar a Cristo.

Robert Chapman

---

6. **a.** Explique por qué el amor no se regocija en ningún tipo de injusticia.

b. ¿En qué forma sutil puede alguien regocijarse en el mal de otros o por enterarse de algún escándalo religioso? Dé algunos ejemplos de sus propios sentimientos de satisfacción, cuando escuchó de alguien que tuvo algún problema o percance vergonzoso.

7. a. ¿Qué significa la palabra *verdad* en el contexto del versículo seis, de 1 Corintios 13?

b. Dé un ejemplo de su experiencia de gozarse "de la verdad".

Reflexión

Aquello por lo cual el hombre se regocija es un buen indicador de su carácter. El contentarse cuando el mal prevalece o por el infortunio de otros, es un indicador de gran degradación moral.

W. G. Scroggie

Capítulo 9: Sufre, cree, espera, soporta todas las cosas

8. Aunque los detalles del versículo siete de 1 Corintios 13 pueden ser difíciles de entender, ¿cuál es el punto principal del verso siete?

9. ¿De qué manera el liderazgo de Moisés sobre la rebelde nación de Israel durante los cuarenta años en el desierto, ilustra las siguientes declaraciones concernientes al amor? (vea las páginas 108 a 110) y asegúrese de entender cada una de las cuatro declaraciones antes de dar su respuesta).

◆ "todo lo sufre".

◆ "todo lo cree".

◆ "todo lo espera".

◆ "todo lo soporta".

Reflexión

El ministerio más significativo con las personas es generalmente de largo plazo, pero el ministerio de largo plazo sólo tiene éxito con el poder sobrenatural de lo alto para soportar todas las dificultades y penas de la vida. Algunos misioneros trabajan durante décadas en zonas peligrosas donde los problemas y desventajas nunca terminan. ¿Cómo duran ellos? La respuesta: el amor por Dios y el amor por las personas. El amor genera la fe, la esperanza, la resistencia para perseverar a lo largo de los problemas de toda la vida.

Liderando con amor, página 110

---

10. ¿Cuál es el punto principal que Pablo hace sobre el amor y los dones espirituales en 1 Corintios 13:8-12? ¿Cómo su respuesta puede afectar la vida de su iglesia local?

11. El autor ruega a sus lectores que no usen este libro para decirles a los demás que no tienen amor. ¿Por qué cree que él es tan enfático en este punto?

12. ¿Por qué es necesario que los maestros y líderes traten los problemas de falta de amor, (y muchas veces es necesario), y cuál es el método correcto para hacerlo?

13. a. Se ha dicho que el nombre de Jesús se puede sustituir por amor en todo el pasaje siguiente. Trátelo. Coloque el nombre de Jesús o Jesucristo en el espacio de abajo. Léalo una vez durante la sesión de grupo.

_____ es sufrido, _____ es benigno; _____ no tiene envidia, _____ no es jactancioso, _____ no se envanece; _____ no hace nada indebido, _____ no busca lo suyo, _____ no se irrita, _____ no guarda rencor; _____ no se goza de la injusticia, mas se goza de la verdad. _____ Todo lo sufre, _____ todo lo cree, _____ todo lo espera, _____ todo lo soporta (1 Corintios 13: 4-7).

b. La voluntad de Dios para su pueblo es que sean como su Hijo Jesucristo y que amen así como El amó. Así que podemos aplicar este pasaje en forma personal colocando nuestro nombre en cada espacio. Tal vez sus amigos se rían cuando su nombre sea insertado y usted lo lea; entonces vuelva a leerlo insertando el nombre de ellos y ya dejarán de reír.

Al hacer este ejercicio, aprenderá a actuar y pensar en el espíritu del amor. Trate esto varias veces en la reunión de grupo hasta que aprendan la idea de lo que Dios espera de cada uno de nosotros.

_____ es sufrido, _____ es benigno; _____ no tiene envidia, _____ no es jactancioso, _____ no se envanece; _____ no hace nada indebido, _____ no busca lo suyo, _____ no se irrita, _____ no guarda rencor; _____ no se goza de la injusticia, mas se goza de la verdad. _____ Todo lo sufre, _____ todo lo cree, _____ todo lo espera, _____ todo lo soporta (1 Corintios 13: 4-7).

c. Reemplace la palabra amor por el nombre de la posición de liderazgo o ministerio. Por ejemplo, diga: "un anciano es paciente..." o "un maestro es paciente..."

_____ es sufrido, _____ es benigno; _____ no tiene envidia, _____ no es jactancioso, _____ no se envanece; _____ no hace nada indebido, _____ no busca lo suyo, _____ no se irrita,

_____ no guarda rencor; _____ no se goza de la injusticia, mas se goza de la verdad. _____ Todo lo sufre, _____ todo lo cree, _____ todo lo espera, _____ todo lo soporta (1 Corintios 13: 4-7).

d. Finalmente, el matrimonio es el primer lugar para implementar la característica cristiana del amor como está descrito en 1 Corintios 13:4-7, así que aplique este pasaje a su relación matrimonial. Sustituya el nombre amor por "un esposo cristiano es " o "una esposa cristiana es". El matrimonio es el terreno fundamental donde se prueba y promueve el amor. Un líder cristiano no puede amar a la gente de la iglesia si odia a su esposa en casa. Eso es hipocresía y la Escritura dice "que el amor sea sin hipocresía" (Romanos 12:9).

_____ es sufrido, _____ es benigno; _____ no tiene envidia, _____ no es jactancioso, _____ no se envanece; _____ no hace nada indebido, _____ no busca lo suyo, _____ no se irrita, _____ no guarda rencor; _____ no se goza de la injusticia, mas se goza de la verdad. _____ Todo lo sufre, _____ todo lo cree, _____ todo lo espera, _____ todo lo soporta (1 Corintios 13: 4-7).

Estas cualidades del amor le harán más experimentado en servir a las personas. De este modo moldearán su carácter, y mientras lo hacen, usted será cada vez más como el amoroso Señor Jesucristo.

14. Basado en lo que aprendimos de 1 Corintios 13:1-7, describa brevemente el carácter y comportamiento de un líder que ama.

Reflexión

Cuando los creyentes se aman unos a otros como Jesús lo hizo, la familia de la iglesia local prefigura las glorias de nuestra existencia celestial amorosa. Tristemente, la iglesia de Corinto no estaba experimentando amor celestial. Se caracterizaba por rivalidades, pleitos, inmoralidad, abuso de la libertad cristiana, conducta desordenada, orgullo e independencia egoísta –una representación total e inaceptablemente pobre de las realidades celestiales del amor y del fruto del Espíritu.

Liderando con amor, página 112

Lección 6

Las obras de un líder que ama

Esta lección cubre las páginas 119 a 137 de *Liderando con amor*. Lea estas páginas antes de hacer la lección.

Comience leyendo los siguientes pasajes:

"Mi amor en Cristo Jesús esté con todos vosotros" (1 Corintios 16:24).

"Porque Dios me es testigo de cómo os amo a todos vosotros con el entrañable amor de Jesucristo" (Filipenses 1:8).

"Porque por la mucha tribulación y angustia del corazón os escribí con muchas lágrimas, no para que fueseis contristados, sino para que supieseis cuán grande es el amor que os tengo" (2 Corintios 2:4).

"El amor sea sin fingimiento. Aborreced lo malo, seguid lo bueno. Amaos los unos a los otros con amor fraternal; en cuanto a honra, prefiriéndoos los unos a los otros, compartiendo para las necesidades de los santos; practicando la hospitalidad" (Romanos 12:9, 10, 13).

"Permanezca el amor fraternal. No os olvidéis de la hospitalidad, porque por ella algunos, sin saberlo, hospedaron ángeles" (Hebreos 13:1-2).

"Y ante todo, tened entre vosotros ferviente amor; porque el amor cubrirá multitud de pecados. Hospedaos los unos a los otros sin murmuraciones" (1 Pedro 4:8, 9).

Capítulo 10: Expresa amor y afecto

1. ¿Qué acciones y cualidades Pablo reconoce y exalta en Romanos 16? Enumere las que encuentre en los siguientes versículos. Use sus propias palabras para describir lo que Pablo reconoce y exalta.

◆ *"Febe, la cual es diaconisa de la iglesia en Cencrea"* (Romanos 16:1).

◆ *"Priscila y a Aquila,... que expusieron su vida por mí "* (Romanos 16:3,4).

◆ *"María, la cual ha trabajado mucho entre vosotros"* (Romanos 16:6).

◆ *"Andrónico y a Junias,... estimados entre los apóstoles"* (Romanos 16:7).

◆ *"Amplias, amado mío en el Señor"* (Romanos 16: 8).

◆ *"Apeles, aprobado en Cristo"* (Romanos 16:10).

◆ *"Trifena y a Trifosa, las cuales trabajan en el Señor"* (Romanos 16:12).

◆ *"La amada Pérsida, la cual ha trabajado mucho en el Señor"* (Romanos 16:12).

◆ *"Rufo, escogido en el Señor"* (Romanos 16:13).

◆ *"Gayo, hospedador mío y de toda la iglesia"* (Romanos 16:23).

2. **a.** ¿Cómo respondería a alguien que dice: no hay necesidad de reconocer y ser agradecido con los que trabajan sirviendo, porque lo están haciendo para el Señor, y Dios es quien se encargará de reconocer y recompensar a los siervos fieles? (Ver Mateo 25:21).

b. ¿Cómo respondería a alguien que dice que tentaríamos a los demás a sentirse orgullosos si les reconocemos su labor y carácter?

3. Haga una lista de formas específicas con las que puede reconocer y agradecer a la gente de su iglesia por su fidelidad en el servicio hacia los demás y por su calidad de carácter cristiano.

4. Los siguientes pasajes demuestran el corazón amoroso de Pablo, como un líder ejemplar. Explique cuáles de los pasajes siguientes sobre el amor intenso de Pablo por los convertidos tocaron su corazón.

◆ *"...así que me gozo de vosotros"* (Romanos 16:19).

◆ *"...os tengo en el corazón"* (Filipenses 1:7).

◆ *"...os amo a todos vosotros con el entrañable amor de Jesucristo"* (Filipenses 1:8).

◆ *"...hermanos míos amados y deseados, gozo y corona mía"* (Filipenses 4:1)

◆ *"Tan grande es nuestro afecto por vosotros, que hubiéramos querido entregaros no sólo el evangelio de Dios, sino también nuestras propias vidas; porque habéis llegado a sernos muy queridos"* (1 Tesalonicenses 2:8).

◆ *"Hijitos míos, por quienes vuelvo a sufrir dolores de parto, hasta que Cristo sea formado en vosotros"* (Gálatas 4:19).

◆ *"Mi amor en Cristo Jesús esté con todos vosotros"* (1 Corintios 16:24).

◆ *"Porque por la mucha tribulación y angustia del corazón os escribí con muchas lágrimas, ... para que supieseis cuán grande es el amor que os tengo"* (2 Corintios 2:4).

◆ *"Nuestra boca se ha abierto a vosotros, oh corintios; nuestro corazón se ha ensanchado"* (2 Corintios 6:11).

◆ *"No lo digo para condenaros; pues ya he dicho antes que estáis en nuestro corazón, para morir y para vivir juntamente"* (2 Corintios 7:3).

◆ *"¿Por qué? ¿Porque no os amo? Dios lo sabe"* (2 Corintios 11:11).

◆ *"He aquí, por tercera vez estoy preparado para ir a vosotros; y no os seré gravoso, porque no busco lo vuestro, sino a vosotros, pues no deben atesorar los hijos para los padres, sino los padres para los hijos"* (2 Corintios 12:14).

◆ *"Y yo con el mayor placer gastaré lo mío, y aun yo mismo me gastaré del todo por amor de vuestras almas, aunque amándoos más, sea amado menos"* (2 Corintios 12:15).

◆ *"Y el Señor os haga crecer y abundar en amor unos para con otros y para con todos, como también lo hacemos nosotros para con vosotros"* (1 Tesalonicenses. 3:12).

☐ *"...el cual vuelvo a enviarte; tú, pues, recíbele (el esclavo Onésimo) como a mí mismo"* (Filemón 12).

5. ¿Qué expresiones afectuosas puede usar usted para expresar su amor hacia aquellos a los cuales enseña o guía, sin ser hipócrita o sentirse incómodo?

6. ¿Qué da a entender el autor cuando dice que la iglesia debe ser un lugar de transformación de vida en la comunidad?

7. Haga una lista anotando en qué maneras usted y los demás líderes pueden ayudar a los creyentes en el crecimiento del amor hacia los demás. Conteste esta pregunta con la intención de tomar una acción positiva de acuerdo con la respuesta que dé. Trate que no sea solamente un intercambio de teorías creativas.

La iglesia local es la "familia de Dios" (1 Timoteo 3:15), y debe estar llena de palabras amables y demostraciones de cariño familiar. Tristemente la atmósfera en algunas iglesias se asemeja más a una funeraria que a una familia amorosa. Hay poco afecto y toda emoción legítima es sofocada. Casi nadie se conoce íntimamente. Todo mundo mantiene su distancia y la única manifestación de amor es un saludo ligero antes de salir por las puertas de la iglesia. Tal comportamiento no es auténtico de la hermandad entre cristianos.

Liderando con amor, páginas 125 y 126

Capítulo 11: Practica la hospitalidad

8. Brevemente explique cada uno de los términos siguientes. Identifique palabras e ideas claves y si tiene comentarios sobre estos pasajes, escríbalos. El libro *"La Hospitalidad, un mandamiento ineludible"* de Alexander Strauch también le ayudará a entender estos pasajes. Este libro pequeño se puede distribuir entre los líderes o grupos de la iglesia para ayudarles a entender cómo mostrar amor a través de la hospitalidad cristiana.

◆ *"Practicando la hospitalidad"* (Romanos 12:13).

◆ *"Hospedaos los unos a los otros sin murmuraciones"* (1 Pedro 4:9).

◆ *"No os olvidéis de la hospitalidad, porque por ella algunos, sin saberlo, hospedaron ángeles"* (Hebreos 13:2).

◆ *"Amado, fielmente te conduces cuando prestas algún servicio a los hermanos, especialmente a los desconocidos, los cuales han dado ante la iglesia testimonio de tu amor; y harás bien en encaminarlos como es digno de su servicio a Dios, para que continúen su viaje"* (3 Juan 5,6).

◆ *"Pero es necesario que el obispo sea irreprensible, marido de una sola mujer, sobrio, prudente, decoroso, hospedador, apto para enseñar ...sino hospedador, amante de lo bueno, sobrio, justo, santo, dueño de sí mismo"* (1 Timoteo 3:2 y Tito 1:8).

9. Anote tres razones por las cuales la hospitalidad es un requisito bíblico para un anciano (sobreveedor) de iglesia.

Reflexión

No es necesario ser un predicador ni tener años de entrenamiento para usar su casa como medio de amar y servir a los demás. Si simplemente abre las puertas de su casa, la gente llegará.

Liderando con amor, página 134

---

10. De acuerdo a su experiencia, explique por qué cree que enseñar y ser enseñado en el ambiente del hogar es un medio efectivo de comunicar la Palabra de Dios.

11. Dé varios ejemplos de cómo la hospitalidad puede ser usada en el evangelismo.

12. Anote al menos tres beneficios que enriquecerán su familia si practica la hospitalidad.

13. Si tiene una experiencia memorable o de grato recuerdo, mientras daba o recibía hospitalidad, compártala con el grupo.

14. ¿Cuáles son los obstáculos mayores que usted tiene para practicar activamente la hospitalidad? De la lista siguiente marque cuáles son. Elija dos que se aplican más a su caso y anote pasos simples que le pueden ayudar a resolver estos problemas y ser más hospitalario.

_____ Falta de tiempo (demasiadas cosas para hacer).

_____ Economía.

_____ Lo inadecuado de su vivienda.

_____ Egoísmo.

_____ Temor al fracaso.

_____ Inexperiencia.

_____ Falta de disciplina y organización (o falta de planificación).

_____ Orgullo.

_____ Otros.

15. En las páginas 135 a 137 del libro *Liderando con amor,* hay una lista de sugerencias para ayudarle a obedecer el mandamiento de la hospitalidad cristiana. ¿Cuál de estas ideas le ayudan más y por qué?

16. Llene los espacios en la cita de Helga Henry de la página 137: "La hospitalidad cristiana no es cuestión de _____; no es una cuestión de _____; no es una cuestión de _____, _____, o _____. La hospitalidad cristiana es una cuestión de _____ a Dios".

Tareas sugeridas

Un excelente artículo para leer y tener disponible para los líderes de las iglesias es *"Una iglesia amigable es difícil de encontrar"* por Gene y Nancy Preston, publicado en *"Christian Century"* (Enero 30, 1991). Lo pueden obtener en www.lewisandroth.org

———————————————

El libro de Alexander Strauch *"La hospitalidad, un mandato ineludible"*, le ayudará a edificar una comunidad cristiana llena de amor y le dará muchas ideas de cómo crear oportunidades para acercarse a amigos y vecinos. Un excelente libro sobre el tema (Litteton, Colorado, Lewis and Roth, 1993).

Lección 7

Las obras de un líder que ama

Esta lección cubre las páginas 139 a 161 de *Liderando con amor.* Lea estas páginas antes de hacer la lección.

Comience leyendo los siguientes pasajes:

"El amor sea sin fingimiento... Amaos los unos a los otros con amor fraternal... compartiendo para las necesidades de los santos" (Romanos 12:9-10,13).

"Mostrad, pues, para con ellos ante las iglesias la prueba de vuestro amor, y de nuestro gloriarnos respecto de vosotros" (2 Corintios 8:24).

"Orando en todo tiempo con toda oración y súplica en el Espíritu, y velando en ello con toda perseverancia y súplica por todos los santos; y por mí, a fin de que al abrir mi boca me sea dada palabra para dar a conocer con denuedo el misterio del evangelio, por el cual soy embajador en cadenas; que con denuedo hable de él, como debo hablar" (Efesios 6:18-20).

"Confesaos vuestras ofensas unos a otros, y orad unos por otros, para que seáis sanados. La oración eficaz del justo puede mucho" (Santiago 5:16).

"Si alguno dice: Yo amo a Dios, y aborrece a su hermano, es mentiroso. Pues el que no ama a su hermano a quien ha visto, ¿cómo puede amar a Dios a quien no ha visto? Y nosotros tenemos este mandamiento de él: El que ama a Dios, ame también a su hermano" (1 Juan 4:20-21).

Capítulo 12: Cuida de las necesidades de las personas

Lea a continuación la historia del Buen Samaritano:

"Un hombre descendía de Jerusalén a Jericó, y cayó en manos de ladrones, los cuales le despojaron; e hiriéndole, se fueron, dejándole medio muerto. Aconteció que descendió un sacerdote por aquel camino, y viéndole, pasó de largo. Asimismo un levita, llegando cerca de aquel lugar, y viéndole, pasó de largo. Pero un samaritano, que iba de camino, vino cerca de él, y viéndole, fue movido a misericordia; y acercándose, vendó sus heridas, echándoles aceite y vino; y poniéndole en su cabalgadura, lo llevó al mesón, y cuidó de él. Otro día al partir, sacó dos denarios, y los dio al mesonero, y le dijo: Cuídamele; y todo lo que gastes de más, yo te lo pagaré cuando regrese" (Lucas 10:30-35).

1. **a.** ¿Cuál fue el costo personal que tuvo el buen samaritano al ayudar al moribundo desconocido en el camino a Jericó? Anote todo lo que pueda encontrar.

   b. Considerando el contexto cultural y religioso, ¿qué excusas usaron el sacerdote y el levita para no ayudar al moribundo en el camino a Jericó?

c. ¿Qué pecados cometieron el sacerdote y el levita al no querer ayudar a una persona en gran necesidad?

2. ¿Qué verdades vitales enseña Jesucristo a sus seguidores por medio de la historia del Buen Samaritano? Para contestar esta pregunta lea todo el contexto de la historia (Lucas 10:25-37).

3. Hablando honestamente, ¿qué hubiera hecho usted si hubiera encontrado al moribundo en el camino a Jericó? ¿Llegaría al extremo del Buen Samaritano, o hasta dónde ayudaría?

4. a. ¿Por qué es importante que como líderes cristianos estemos genuinamente interesados por los enfermos y moribundos de la congregación? Anote tantas razones como pueda.

b. ¿Qué está haciendo usted por los enfermos o moribundos en su iglesia?

5. ¿Qué quiere decir el autor por "todos debemos estar preparados para cuidar de la creciente población de ancianos"? (página 144) ¿Qué significa esta declaración para su iglesia y su futuro?

6. ¿Qué pasos prácticos puede tomar (personalmente y como equipo) a fin de ayudar a aquéllos que se encuentran demasiado ocupados, para que puedan desarrollar un mayor interés hacia los necesitados, los pobres, los enfermos y los discapacitados de su iglesia? (Recuerde Hechos 6:1-6).

Reflexión

Un líder no tendrá mucho éxito en su ministerio si la gente no sabe que él se interesa por ellos. Por lo tanto, un líder debe demostrar un corazón tierno para con los miembros que sufren,

un interés genuino en los enfermos, una buena disposición para ayudar a los necesitados, y un espíritu de misericordia para ayudar a aliviar la miseria que caracteriza muchas vidas en la actualidad.

Liderando con amor, página 142

---

7. Juan describe muy bien el modelo de amor entre creyentes, según lo demanda el Nuevo Testamento:

"En esto hemos conocido el amor, en que él puso su vida por nosotros; también nosotros debemos poner nuestras vidas por los hermanos. Pero el que tiene bienes de este mundo y ve a su hermano tener necesidad, y cierra contra él su corazón, ¿cómo mora el amor de Dios en él? Hijitos míos, no amemos de palabra ni de lengua, sino de hecho y en verdad" (1 Juan 3:16-18).

a. ¿Cómo puede describir este modelo de amor?

b. ¿Qué quiere decir Juan con las palabras "y cierra su corazón contra él"?

c. ¿Por qué el cerrar el corazón a las necesidades de los demás es algo serio para el amado apóstol Juan?

d. De acuerdo a 1 Juan 3:16-18, ¿cómo demuestra el creyente el amor y la compasión?

8. ¿Qué quiere decir el autor con la declaración "los líderes que tienen amor practican el ministerio de visitas por medio del teléfono cuando no pueden hacerlo personalmente"? (página 144) ¿Cómo puede la verdad de esta declaración ayudarle a ser un líder más eficiente?

9. Job es un gran ejemplo de compasión y amor en un líder. Lea el testimonio de Job sobre su compasión para con los pobres y necesitados:

¿*"No lloré yo al afligido?*

Y mi alma, ¿no se entristeció sobre el menesteroso"?

(Job 30:25).

"Porque yo libraba al pobre que clamaba,

y al huérfano que carecía de ayudador.

La bendición del que se iba a perder venía sobre mí,

y al corazón de la viuda yo daba alegría.

Me vestía de justicia, y ella me cubría;

como manto y diadema era mi rectitud.

Yo era ojos al ciego, y pies al cojo.

A los menesterosos era padre,

de la causa que no entendía, me informaba con diligencia"

(Job 29:12-16).

"Si estorbé el contento de los pobres,

e hice desfallecer los ojos de la viuda;

si comí mi bocado solo, y no comió de él el huérfano,...

si he visto que pereciera alguno sin vestido,

y al menesteroso sin abrigo,...

Mi espalda se caiga de mi hombro,

y el hueso de mi brazo sea quebrado" (Job 31:16-17, 19, 22).

a. Anote los tipos de personas que Job cuidó en sus "aflicciones".

b. De los pasajes anteriores, describa en sus propias palabras la disposición de Job para con las personas sufrientes.

c. Anote todo lo que hizo Job por los necesitados.

d. ¿Qué pasos prácticos puede tomar usted para desarrollar un corazón compasivo como el de Job (y como el del Señor Jesucristo)?

Como líderes y maestros podemos hacer la diferencia. Podemos trazar la visión y ser el ejemplo de un cuidado compasivo. Podemos motivar y desarrollar estructuras proveyendo oportunidades para que las personas compartan con los necesitados. También podemos advertir que el materialismo, la prosperidad y la ambición, endurecen el corazón y ciegan los ojos a las grandes necesidades y sufrimientos de los demás creyentes, al igual que a otros seres humanos.

Liderando con amor, páginas 147 y 148

Capítulo 13: Persiste en la oración

10. D. Martin Lloyd Jones nos recuerda que orar es una de las cosas más difíciles que podemos hacer en la vida cristiana:

"Cuando un hombre está hablando con Dios, él está en su mismo epicentro. Es la mayor actividad del alma humana y por eso es al mismo tiempo la última prueba de la verdadera condición espiritual del humano. No hay nada que diga más la verdad de nosotros como cristianos que nuestra vida de oración. Todo lo que hacemos como creyentes nos resulta más fácil que orar".

a. ¿Por qué cree que "todo lo que hacemos como creyentes nos resulta más fácil que orar"? ¿Qué dificulta una vida de oración consistente?

b. Explique cómo el amor a Dios afecta el amor hacia los demás.

11. ¿Qué nos enseñan los siguientes pasajes de la Escritura sobre la oración y sus oraciones como líder?

"Así que, lejos sea de mí que peque yo contra Jehová cesando de rogar por vosotros; antes os instruiré en el camino bueno y recto" (1 Samuel 12:23).

"Levantándose muy de mañana, siendo aún muy oscuro, salió y se fue a un lugar desierto, y allí oraba" (Marcos 1:35).

"Aconteció que estaba Jesús orando en un lugar, y cuando terminó, uno de sus discípulos le dijo: Señor, enséñanos a orar, como también Juan enseñó a sus discípulos" (Lucas 11:1).

"También les refirió Jesús una parábola sobre la necesidad de orar siempre, y no desmayar" (Lucas 18:1).

"Dijo también el Señor: Simón, Simón, he aquí Satanás os ha pedido para zarandearos como a trigo; pero yo he rogado por ti, que tu fe no falte; y tú, una vez vuelto, confirma a tus hermanos" (Lucas 22:31-32).

"Y nosotros persistiremos en la oración y en el ministerio de la palabra" (Hechos 6:4).

"Hermanos, ciertamente el anhelo de mi corazón, y mi oración a Dios por Israel, es para salvación" (Romanos 10:1).

"Pero os ruego, hermanos, por nuestro Señor Jesucristo y por el amor del Espíritu, que me ayudéis orando por mí a Dios, para que sea librado de los rebeldes que están en Judea, y que la ofrenda de mi servicio a los santos en Jerusalén sea acepta" (Romanos 15:30, 31).

"...el cual nos libró, y nos libra, y en quien esperamos que aún nos librará, de tan gran muerte; cooperando también vosotros a favor nuestro con la oración, para que por muchas personas sean dadas gracias a favor nuestro por el don concedido a nosotros por medio de muchos" (2 Corintios 1:10, 11).

"...no ceso de dar gracias por vosotros, haciendo memoria de vosotros en mis oraciones" (Efesios 1:16).

"...orando en todo tiempo con toda oración y súplica en el Espíritu, y velando en ello con toda perseverancia y súplica por todos los santos; y por mí, a fin de que al abrir mi boca me sea dada palabra para dar a conocer con denuedo el misterio del evangelio, por el cual soy embajador en cadenas; que con denuedo hable de él, como debo hablar" (Efesios 6:18-20).

"Por nada estéis afanosos, sino sean conocidas vuestras peticiones delante de Dios en toda oración y ruego, con acción de gracias. Y la paz de Dios, que sobrepasa todo entendimiento, guardará vuestros corazones y vuestros pensamientos en Cristo Jesús" (Filipenses 4:6, 7).

"Orad sin cesar. Dad gracias en todo, porque esta es la voluntad de Dios para con vosotros en Cristo Jesús" (1 Tesalonicenses 5:17, 18).

"Hermanos, orad por nosotros" (1 Tesalonicenses 5:25).

"Exhorto ante todo, a que se hagan rogativas, oraciones, peticiones y acciones de gracias, por todos los hombres; por los reyes y por todos los que están en eminencia, para que vivamos quieta y reposadamente en toda piedad y honestidad" (1 Timoteo 2:1, 2).

"Acerquémonos, pues, confiadamente al trono de la gracia, para alcanzar misericordia y hallar gracia para el oportuno socorro" (Hebreos 4:16).

"Confesaos vuestras ofensas unos a otros, y orad unos por otros, para que seáis sanados. La oración eficaz del justo puede mucho. Elías era hombre sujeto a pasiones semejantes a las nuestras, y oró fervientemente para que no lloviese, y no llovió sobre la tierra por tres años y seis meses" (Santiago 5:16, 17).

2. ¿Qué ideas prácticas implementaría usted para motivar y enriquecer los pedidos de oración de las personas que enseñan y lideran, y así estimular y avivar su propia vida de oración por los demás?

Reflexión

Para orar inteligentemente necesitamos información, necesitamos motivos de oración recientes.

Liderando con amor, página 156

---

13. a. Si no tiene una lista de oración para interceder y ayudarle a orar sistemáticamente y en forma consistente por aquéllos que lidera o enseña, piense en cómo organizaría e implementaría dicha lista. Comience ya, aunque sea con pocos nombres.

b. Haga una lista de algunas declaraciones bíblicas de las oraciones que se encuentran en las páginas 158 y 159, que pueda usar mientras ora por las personas que pastorea actualmente.

Reflexión

Por amor hacia aquéllos que lidera, comprométase a mejorar sus oraciones intercesoras. Pregúntese: Si los que yo guío dependieran de mis oraciones, ¿cómo les iría a ellos? O: Si nuestros misioneros dependieran de mis oraciones, ¿cómo les iría a ellos?

Liderando con amor, página 159

14. Aparte un tiempo ahora con su grupo de estudio, para compartir ideas prácticas y mejorar sus oraciones intercesoras por los demás. Ayúdense mutuamuente con ideas frescas para comenzar de nuevo a orar en forma consistente, persistente e inteligentemente por otros.

Reflexión

Los mejores maestros y predicadores se esfuerzan por mejorar sus métodos de enseñanza y están en lo correcto. Todo líder y administrador competente debe buscar continuamente cómo mejorar sus capacidades de liderazgo. Asimismo, todo líder en su posición de sacerdote intercesor, debe trabajar para mejorar su ministerio de oración.

Liderando con amor, página 156

Las obras de un
líder que ama

Esta lección abarca las páginas 163 a 186 de *Liderando con amor.*
Deje de leer en la página 186 antes de: "Cómo advertir y reprender con amor". El resto del capítulo será cubierto en la próxima
lección. Lea las páginas 163 a 186 antes de hacer la lección.

Comience leyendo los siguientes pasajes:

*"Y os daré pastores según mi corazón, que os apacienten con ciencia y
con inteligencia"* (Jeremías 3:15).

*"Así que, no os afanéis por el día de mañana, porque el día de mañana
traerá su afán. Basta a cada día su propio mal"* (Mateo 6:34).

*"Porque el siervo del Señor no debe ser contencioso, sino amable para
con todos, apto para enseñar, sufrido; que con mansedumbre corrija a
los que se oponen, por si quizá Dios les conceda que se arrepientan para
conocer la verdad"* (2 Timoteo 2:24-25).

"¿Me he hecho, pues, vuestro enemigo, por deciros la verdad?"
(Gálatas. 4:16).

*"Por tanto, velad, acordándoos que por tres años, de noche y de día, no
he cesado de amonestar con lágrimas a cada uno"* (Hechos 20:31).

"Por lo demás, hermanos, gozaos en el Señor. A mí no me es molesto el escribiros las mismas cosas, y para vosotros es seguro. Guardaos de los perros, guardaos de los malos obreros, guardaos de los mutiladores del cuerpo" (Filipenses 3:1-2).

Capítulo 14: Alimenta las almas hambrientas

1. Explique el significado de Deuteronomio 8:3, (consulte el contexto completo y vea también Mateo 4:4 y Juan 6:49-51). ¿Por qué es tan importante para los maestros y líderes conocer este versículo de las Escrituras?

2. ¿Por qué el amor nos impulsa a enseñar la Palabra de Dios a otros? Anote las razones que encuentre.

3. Llene los espacios. En página 164 el autor dice: "El amor por las personas nos _____ a enseñar y predicar la Palabra de Dios". También el autor escribe: "el amor no puede soportar ver a seres amados en la _____ _____, pasando hambre por la _____de _____ y dejados en la ignorancia".

Cuando vemos fotos de niños hambrientos y necesitados, nuestros corazones gimen y queremos ayudar. Así también nuestros corazones deben gemir al ver el pueblo de Dios hambriento y necesitado espiritualmente por falta de la Palabra de Dios. Deberíamos tomar acción inmediata porque el amor siempre desea proveer para las necesidades de los amados, y la mayor necesidad es la Palabra de Dios. El mismo Señor dijo: "No sólo de pan vivirá el hombre, mas de todo lo que sale de la boca de Jehová vivirá el hombre"(Deuteronomio 8:3).

Liderando con amor, página 164

4. Explique por qué la disposición de amar de un cristiano lo hace mejor maestro o predicador. ¿Podría dar un ejemplo de un maestro o líder afectuoso y efectivo que usted conozca?

El liderazgo de la iglesia apostólica fue grandemente basado en la enseñanza apropiada.

William Mounce

5. ¿Qué aprendemos de los siguientes versículos de la Escritura, para ser un líder más amoroso? Haga una lista de las características específicas que tiene un predicador o maestro que ama.

"Y salió Jesús y vio una gran multitud, y tuvo compasión de ellos, porque eran como ovejas que no tenían pastor; y comenzó a enseñarles muchas cosas" (Marcos 6:34).

"Llevad mi yugo sobre vosotros, y aprended de mí, que soy manso y humilde de corazón; y hallaréis descanso para vuestras almas" (Mateo 11:29).

"Porque no nos predicamos a nosotros mismos, sino a Jesucristo como Señor, y a nosotros como vuestros siervos por amor de Jesús" (2 Corintios 4:5).

"Yo Pablo os ruego por la mansedumbre y ternura de Cristo, yo que estando presente ciertamente soy humilde entre vosotros, mas ausente soy osado para con vosotros" (2 Corintios 10:1).

"...Sino que según fuimos aprobados por Dios para que se nos confiase el evangelio, así hablamos; no como para agradar a los hombres, sino a Dios, que prueba nuestros corazones.

Porque nunca usamos de palabras lisonjeras, como sabéis, ni encubrimos avaricia; Dios es testigo; ni buscamos gloria de los hombres; ni de vosotros, ni de otros, aunque podíamos seros carga como apóstoles de Cristo.

Antes fuimos tiernos entre vosotros, como la nodriza que cuida con ternura a sus propios hijos.

Tan grande es nuestro afecto por vosotros, que hubiéramos querido entregaros no sólo el evangelio de Dios, sino también nuestras propias vidas; porque habéis llegado a sernos muy queridos.

Porque os acordáis, hermanos, de nuestro trabajo y fatiga; cómo trabajando de noche y de día, para no ser gravosos a ninguno de vosotros, os predicamos el evangelio de Dios.

Vosotros sois testigos, y Dios también, de cuán santa, justa e irreprensiblemente nos comportamos con vosotros los creyentes; así como también sabéis de qué modo, como el padre a sus hijos, exhortábamos y consolábamos a cada uno de vosotros, y os encargábamos que anduvieseis como es digno de Dios, que os llamó a su reino y gloria" (1 Tesalonicenses 2:4-12).

"Porque el siervo del Señor no debe ser contencioso, sino amable para con todos, apto para enseñar, sufrido; que con mansedumbre corrija a los que se oponen, por si quizá Dios les conceda que se arrepientan para conocer la verdad" (2 Timoteo 2:24-25).

"Sino santificad a Dios el Señor en vuestros corazones, y estad siempre preparados para presentar defensa con mansedumbre y reverencia ante todo el que os demande razón de la esperanza que hay en vosotros; teniendo buena conciencia, para que en lo que murmuran de vosotros como de malhechores, sean avergonzados los que calumnian vuestra buena conducta en Cristo" (1 Pedro 3:15-16).

6. Acaba usted de leer y estudiar muchas cualidades importantes de un líder que ama. ¿Qué cualidades necesita en su ministerio personal? (Puede ser instrucción informal para pocas personas o instrucción formal predicando o enseñando a un grupo más grande). ¿Cómo haría esos cambios? Comparta las ideas de cambios con su grupo de estudio.

Los buenos maestros aman a sus estudiantes y se entregan sin reservas a la educación de ellos. Se preocupan por sus estudiantes, los respetan, valoran y comprenden. Al igual que Pablo pueden decir: *"Tan grande es nuestro afecto por vosotros, que hubiéramos querido entregaros no sólo el evangelio de Dios, sino también nuestras propias vidas; porque habéis llegado a sernos muy queridos"* (1 Tesalonisenses 2:8).

Liderando con amor, página 167

7. Lea varias veces la descripción de Paul Stanley y Robert Clinton:

"Hemos observado que la mayoría de las personas dejan de aprender a la edad de cuarenta años. Con eso queremos decir que ellos ya no persiguen asiduamente el conocimiento, entendimiento y la experiencia que realzará su capacidad para crecer y contribuir a favor de otros. La mayoría simplemente descansa en lo que ya saben. Pero los que terminan bien [vida y ministerio] mantienen una *actitud positiva de aprender* toda su vida. Muchas personas, particularmente los líderes, llegan a una meseta. Se vuelven satisfechos en donde están y con lo que ellos saben. Esto a menudo ocurre después que logran lo suficiente para sentirse cómodos o pueden mantener un futuro relativamente seguro y predecible. Pero esto contradice el principio bíblico de la mayordomía".

¿Qué nos enseñan los versículos siguientes sobre la necesidad de crecer continuamente en cada área de nuestra vida espiritual y ministerio?

"Oirá el sabio, y aumentará el saber, y el entendido adquirirá consejo" (Proverbios 1:5).

"Por tanto, nosotros todos, mirando a cara descubierta como en un espejo la gloria del Señor, somos transformados de gloria en gloria en la misma imagen, como por el Espíritu del Señor" (2 Corintios 3:18).

"Por tanto, no desmayamos; antes aunque este nuestro hombre exterior se va desgastando, el interior no obstante se renueva de día en día" (2 Corintios 4:16).

"No que lo haya alcanzado ya, ni que ya sea perfecto; sino que prosigo, por ver si logro asir aquello para lo cual fui también asido por Cristo Jesús. Hermanos, yo mismo no pretendo haberlo ya alcanzado; pero una cosa hago: olvidando ciertamente lo que queda atrás, y extendiéndome a lo que está delante, prosigo a la meta, al premio del supremo llamamiento de Dios en Cristo Jesús" (Filipenses 3:12-14).

"Ejercítate para la piedad; porque el ejercicio corporal para poco es provechoso, pero la piedad para todo aprovecha, pues tiene promesa de esta vida presente, y de la venidera" (1 Timoteo 4:7b-8).

"Ocúpate en estas cosas; permanece en ellas, para que tu

aprovechamiento sea manifiesto a todos" (1 Timoteo 4:15).

"...desead, como niños recién nacidos, la leche espiritual no adulterada, para que por ella crezcáis para salvación" (1 Pedro 2:2).

8. Una de las definiciones de liderazgo es influencia. Si usted no está influenciando los pensamientos, valores, ideas y estilo de vida para Jesucristo en los demás, en verdad no está liderando. Además, no podrá ser de influencia si no está creciendo personalmente en el conocimiento del Señor.

a. ¿Por qué cree que muchos cristianos pierden la pasión de crecer y de conocer más a Dios y de la Escritura y se conforman simplemente con lo que ya saben?

Reflexión

No hay duda de que los mejores maestros son aquéllos que continúan aprendiendo toda su vida.

John Stott

b. ¿Qué está haciendo usted actualmente para continuar creciendo, cambiando y progresando en su vida cristiana? Sea específico y comparta sus pensamientos con el grupo.

Reflexión

Cuando perdemos nuestro celo por el conocimiento, perdemos nuestro celo por enseñar. Cuando dejamos de crecer, dejamos de influenciar a otros. Cuando no estamos entusiasmados por las Escrituras, no entusiasmamos a los demás. Si esperamos desafiar corazones y mentes, debemos ser desafiados también nosotros. No podemos influenciar a las personas para Dios si no estamos aprendiendo, cambiando y creciendo. Los maestros que aman a Dios y aman estudiar su Palabra reproducen este amor en otros.

Liderando con amor, páginas 173 y 174

---

9. Un buen número de sugerencias se han hecho para mejorar su ministerio. ¿Cuál considera que le ayudará más y por qué?

Reflexión

Si usted es parte de un equipo de liderazgo o enseñanza, explique su filosofía en forma clara de cómo predicar y enseñar las Escrituras. También evalúe frecuentemente su ministerio y planifique para el futuro. Asegúrese que el contenido de su enseñanza sea bíblico, desafiante, aplicable y relevante. No

deje que sea algo descuidado e ineficaz. Diga como Pablo:
"...no he rehuido anunciar todo el consejo de Dios" **(Hechos 20:27).**

Liderando con amor, página 175

Capítulo 15: Protege y reprende
a los seres queridos

10. a. Marque todas las declaraciones que *claramente explican* por qué Cristo acusaba tan vehementemente a los fariseos y a los escribas de ser lobos vestidos de ovejas. Elija una y comparta su opinión.

☐ *"Mas !Ay de vosotros, escribas y fariseos, hipócritas! porque cerráis el reino de los cielos delante de los hombres"* (Mateo 23:13).

☐ *"¡Ay de vosotros, guías ciegos!"* (Mateo 23:16).

☐ *"Así también vosotros por fuera, a la verdad, os mostráis justos a los hombres, pero por dentro estáis llenos de hipocresía e iniquidad"* (Mateo 23:28).

☐ *"¡Serpientes, generación de víboras! ¿Cómo escaparéis de la condenación del infierno?"* (Mateo 23:33).

☐ *"Bien invalidáis el mandamiento de Dios para guardar vuestra tradición... invalidando la palabra de Dios con vuestra tradición que habéis transmitido"* (Marcos 7:9, 13).

☐ *"Guardaos de los escribas... que devoran las casas de las viudas, y por pretexto hacen largas oraciones"* (Lucas 20:46, 47).

b. ¿Cómo le explicaría a alguien esta gran reprensión de Jesucristo (siendo el hombre más afectuoso y tierno que jamás pisó la tierra), en contra de los líderes religiosos de su época? ¿O cómo defendería a Jesucristo por la crítica de aquéllos que le acusaban de que odiaba y no toleraba a los escribas y fariseos?

11. Usando los versículos siguientes, describa detalladamente el carácter personal, acciones y malos resultados de los falsos maestros del evangelio.

"Sus jefes juzgan por cohecho, y sus sacerdotes enseñan por precio, y sus profetas adivinan por dinero; y se apoyan en Jehová, diciendo: ¿No está Jehová entre nosotros? No vendrá mal sobre nosotros" (Miqueas 3:11).

"Me dijo entonces Jehová: Falsamente profetizan los profetas en mi nombre; no los envié, ni les mandé, ni les hablé; visión mentirosa, adivinación, vanidad y engaño de su corazón os profetizan" (Jeremías 14:14).

"He aquí, dice Jehová, yo estoy contra los que profetizan sueños mentirosos, y los cuentan, y hacen errar a mi pueblo con sus mentiras y con sus lisonjas, y yo no los envié ni les mandé; y ningún provecho hicieron a este pueblo, dice Jehová" (Jeremías 23:32).

"Porque los terafines han dado vanos oráculos, y los adivinos han visto mentira, han hablado sueños vanos, y vano es su consuelo; por lo cual el pueblo vaga como ovejas, y sufre porque no tiene pastor" (Zacarías 10:2).

"Porque los labios del sacerdote han de guardar la sabiduría, y de su boca el pueblo buscará la ley; porque mensajero es de Jehová

de los ejércitos.

Mas vosotros os habéis apartado del camino; habéis hecho tropezar a muchos en la ley; habéis corrompido el pacto de Leví, dice Jehová de los ejércitos. Por tanto, yo también os he hecho viles y bajos ante todo el pueblo, así como vosotros no habéis guardado mis caminos, y en la ley hacéis acepción de personas" (Malaquías 2:7-9).

"Guardaos de los falsos profetas, que vienen a vosotros con vestidos de ovejas, pero por dentro son lobos rapaces.

Por sus frutos los conoceréis. ¿Acaso se recogen uvas de los espinos, o higos de los abrojos?

Así, todo buen árbol da buenos frutos, pero el árbol malo da frutos malos.

No puede el buen árbol dar malos frutos, ni el árbol malo dar frutos buenos.

Todo árbol que no da buen fruto, es cortado y echado en el fuego.

Así que, por sus frutos los conoceréis" (Mateo 7:15-20).

"Así también vosotros por fuera, a la verdad, os mostráis justos a los hombres, pero por dentro estáis llenos de hipocresía e iniquidad" (Mateo 23:28).

"Les decía también: Bien invalidáis el mandamiento de Dios para guardar vuestra tradición.

....invalidando la palabra de Dios con vuestra tradición que habéis transmitido. Y muchas cosas hacéis semejantes a estas" (Marcos 7:9,13).

"Porque éstos son falsos apóstoles, obreros fraudulentos, que se disfrazan como apóstoles de Cristo. Y no es maravilla, porque el mismo Satanás se disfraza como ángel de luz. Así que, no es extraño si también sus ministros se disfrazan como ministros de justicia; cuyo fin será conforme a sus obras" (2 Corintios 11:13-15).

"Guardaos de los perros, guardaos de los malos obreros, guardaos de los mutiladores del cuerpo" (Filipenses 3:2).

"Porque hay aún muchos contumaces, habladores de vanidades y engañadores, mayormente los de la circuncisión, a los cuales es preciso tapar la boca; que trastornan casas enteras, enseñando por ganancia deshonesta lo que no conviene" (Tito 1:10-11).

"Pero hubo también falsos profetas entre el pueblo, como habrá entre vosotros falsos maestros, que introducirán encubiertamente herejías destructoras, y aun negarán al Señor que los rescató, atrayendo sobre sí mismos destrucción repentina.

Y muchos seguirán sus disoluciones, por causa de los cuales el camino de la verdad será blasfemado, y por avaricia harán mercadería de vosotros con palabras fingidas. Sobre los tales ya de largo tiempo la condenación no se tarda, y su perdición no se duerme" (2 Pedro 2:1-3).

12. ¿Qué fue lo que Pablo quiso decir a los ancianos de Efeso: *"Por tanto, yo os protesto en el día de hoy, que estoy limpio de la sangre de todos; porque no he rehuido anunciaros todo el consejo de Dios"* (Hechos 20:26-27)? Asegúrese de leer todo el contexto en Hechos 20:17-38.

13. Como líderes y maestros del pueblo de Dios, es nuestra responsabilidad el corregir, advertir y reprender amorosamente a aquéllos que lideramos. Pero confrontar los pecados y problemas de los demás es una tarea que muchos líderes evitan por el costo emocional que conlleva. Aún así es parte de la tarea pastoral y debe ser hecho. ¿Qué pasos prácticos puede usted tomar para mejorar su habilidad y decisión en confrontar estas situaciones con cariño y afecto?

Lección 9

Las obras de un
líder que ama

Esta lección cubre las páginas 186 a 214 de *Liderando con amor.*
Comience leyendo en la parte final de la página 186 "Cómo
advertir y reprender con amor" Luego prosiga en el capítulo 16.
Lea estas páginas antes de hacer la lección.

Comience leyendo los siguientes pasajes:

*"Porque el Señor al que ama, disciplina, y azota a todo el que recibe por
hijo"* (Hebreos 12:6).

*"Y aquéllos, ciertamente por pocos días nos disciplinaban como a ellos
les parecía, pero éste para lo que nos es provechoso, para que par-
ticipemos de su santidad. Es verdad que ninguna disciplina al presente
parece ser causa de gozo, sino de tristeza; pero después da fruto apacible de justicia a los que en ella han sido ejercitados"* (Hebreos 12:10-11).

*"Yo reprendo y castigo a todos los que amo; sé, pues, celoso, y arrepién-
tete"* (Apocalipsis 3:19).

*"Le basta a tal persona esta reprensión hecha por muchos; así que, al
contrario, vosotros más bien debéis perdonarle y consolarle, para que no
sea consumido de demasiada tristeza. Por lo cual os ruego que confirméis el amor para con él. Porque también para este fin os escribí, para*

tener la prueba de si vosotros sois obedientes en todo" (2 Corintios 2:6-9).

"Hermanos, si alguno fuere sorprendido en alguna falta, vosotros que sois espirituales, restauradle con espíritu de mansedumbre, considerándote a ti mismo, no sea que tú también seas tentado" (Gálatas 6:1).

Capítulo 16: Disciplina y restaura al descarriado

1. ¿Cómo explicaría usted la aparente contradicción en las declaraciones de Pablo en 1 Corintios 5, sobre la disciplina en la iglesia y su declaración posterior acerca del amor en 1 Corintios 13:4, 7, y 16:14?

◆ *"Para que fuese quitado de en medio de vosotros el que cometió tal acción"* (1 Corintios 5:2).

◆ *"El tal sea entregado a Satanás para destrucción de la carne, a fin de que el espíritu sea salvo en el día del Señor Jesús"* (1 Corintios 5:5).

◆ *"Limpiaos, pues, de la vieja levadura"* (1 Corintios 5:7).

◆ *"Con el tal ni aun comáis"* (1 Corintios 5:11).

◆ *"Quitad, pues, a ese perverso de entre vosotros"* (1 Corintios 5:13).

◆ *"El amor es sufrido, es benigno; el amor no tiene envidia... Todo lo sufre, todo lo cree, todo lo espera, todo lo soporta"* (1 Corintios 13:4, 7).

◆ *"Todas vuestras cosas sean hechas con amor"* (1 Corintios 16:14).

Reflexión

El amor no consiste en sonrisas y palabras agradables. Una prueba crítica del genuino amor, es que estamos dispuestos a confrontar y disciplinar a aquéllos que amamos. Nada es más difícil que disciplinar a un hermano o hermana en Cristo que está atrapado en el pecado. Siempre es un trabajo agonizante, complicado, a menudo frustrante, emocionalmente agobiante y potencialmente divisivo. Por esto es que la mayoría de los líderes de las iglesias evitan la disciplina a toda costa. Pero eso no es amor, es falta de valor y desobediencia al Señor Jesucristo, el cual estableció instrucciones para la disciplina de un creyente no arrepentido.

Liderando con amor, páginas 198 y 199

2. Pablo tuvo que reprender a la iglesia de Corinto por no tomar una acción disciplinaria contra uno de sus miembros que había caído en pecado. Esta misma actitud de complacencia acerca del pecado existe también hoy. ¿Por qué considera que muchos líderes evitan la práctica de corrección preventiva en la disciplina de la iglesia? Haga una lista de las razones que encuentre.

3. Ciertas características son necesarias para que el líder sea capaz de iniciar y continuar con la disciplina de corrección hacia el pecado en la iglesia. Mencione algunas de esas características.

4. A continuación lea cuidadosamente 2 Corintios 2: 5-11. Este es el relato de las instrucciones de Pablo a la iglesia de Corinto, indicando cómo restaurar a un miembro rebelde que había humillado a Pablo y fue disciplinado por la iglesia.

"Pero si alguno me ha causado tristeza, no me la ha causado a mí solo, sino en cierto modo (por no exagerar) a todos vosotros. Le basta a tal persona esta reprensión hecha por muchos; así que, al contrario, vosotros más bien debéis perdonarle y consolarle, para que no sea consumido de demasiada tristeza.

Por lo cual os ruego que confirméis el amor para con él. Porque también para este fin os escribí, para tener la prueba de si vosotros sois obedientes en todo.

Y al que vosotros perdonáis, yo también; porque también yo lo que he perdonado, si algo he perdonado, por vosotros lo he hecho en presencia de Cristo, para que Satanás no gane ventaja alguna sobre nosotros; pues no ignoramos sus maquinaciones".

a. ¿Qué actitud muestra Pablo personalmente en este pasaje hacia el ofensor y hacia la iglesia local?

b. ¿Cuáles son los pasos claves y la actitud adecuada para restaurar a alguien que públicamente ha sido disciplinado por la iglesia?

c. Explique el significado de 2 Corintios 2:11. Es muy importante entender este versículo cuando confrontamos los asun- tos de disciplina y restauración en la iglesia.

Reflexión

La Escritura requiere que hagamos los juicios morales y espirituales apropiados acerca de la doctrina y la conducta. El evangelio sería ineficaz en el mundo y la iglesia sería asimilada dentro de la sociedad secular si no hiciéramos los juicios discriminadamente entre la verdad y el error, Cristo y Satanás. Por lo tanto, la Escritura nos manda: *"Amados, no creáis a todo espíritu, sino probad los espíritus si son de Dios; porque muchos falsos profetas han salido por el mundo"* (1 Juan 4:1).

Liderando con amor, páginas 207 y 208

---

5. En el Sermón del Monte, Jesús dice: *"No juzguéis para que no seáis juzgados"* (Mateo 7:1). Este versículo se ha vuelto un dicho del día actual. Las personas que nunca han leído una palabra de los evangelios conocen este versículo. Esto les hace pensar que Jesús era un maestro de tolerancia, que no juzgaba y no era dogmático, que no condenaría a nadie y nunca juzgaría a ninguno, (citado de la página 205).

Como este pasaje de la Escritura de Mateo 7:1-5 es tan mal interpretado, tanto por cristianos y no cristianos para condenar la disciplina en la iglesia o cualquier otro juicio moral negativo contra otro, es vital que seamos capaces de explicar el pasaje correctamente. Siéntase con libertad de usar comentarios que le ayuden a entender el pasaje.

a. ¿Qué estaban haciendo mal los escribas y fariseos para que el Señor les dijera: *"no juzguéis para que no seáis juzgados"*?

b. ¿Qué significa la siguiente declaración: *"porque con el juicio con que juzgáis seréis juzgados y con la medida con que medís se os medirá"*?

c. Explique el siguiente versículo y de un ejemplo que ilustre su explicación: *"Y por qué miras la paja que está en el ojo de tu hermano y no echas de ver la viga que está en tu propio ojo"*?

d. Explique el siguiente versículo y de un ejemplo que ilustre su explicación: *"O cómo dirás a tu hermano: déjame sacar la paja de tu ojo, cuando tienes la viga en el tuyo"?*

e. Explique más detalladamente el significado del versículo siguiente: *"Hipócrita, saca primero la viga de tu ojo, y entonces verás bien para sacar la paja del ojo de tu hermano".*

6. ¿Cómo interpreta el movimiento de la nueva "tolerancia" la palabra *tolerancia*? Dé un ejemplo de cómo debe definirse la palabra tolerancia.

7. ¿Cómo le explicaría a una persona que se jacta de ser abierta y tolerante, el hecho de que su iglesia sacó de comunión a un miembro por no arrepentirse de su conducta pecaminosa?

Reflexión

La palabra *"tolerancia"* está siendo usada como un garrote para intimidar y marginar a las personas que no se arrodillan ante el dios del relativismo moral y religioso. La palabra misma es actualmente usada para promover intolerancia de todos los que disienten del relativismo secular y sus contrapartes religiosas.

Liderando con amor, página 211

Cómo advertir y reprender con amor

8. Antes de confrontar el error o pecado de otra persona, el autor nos dice que: "hay que mirar nuestras propias actitudes", especialmente la ira. Describa por qué tratar el pecado con enojo empeora el problema y no es efectivo en ayudar a las personas.

Reflexión

No reprenda ni corrija cuando esté enojado. Espere a que su ira esté controlada por el Espíritu Santo (Gálatas 5:15-23)... pero cuando estén airados, recuerden que la ira descontrolada inflama las emociones, exagera las cosas e interrumpe la corrección divina. Tiende a ser menos racional y más autojustificable. Trata ásperamente con las personas. Los gritos y las amenazas crean eco por mucho tiempo en la mente de los demás.

Liderando con amor, página 187

El Nuevo Testamento enfatiza la necesidad de tratar a las personas con bondad, especialmente cuando se está corrigiendo un error o restaurando a un creyente caído. Ser benévolo es ser cariñoso, amoroso, afectuoso y calmado, no áspero ni agresivo. Cuando confrontaban problemas serios, Pablo advirtió y corrigió a los corintios *"por la mansedumbre y ternura de Cristo"* (2 Corintios 10:1).

Liderando con amor, página 192

9. ¿Qué enseñan los siguientes pasajes de la Escritura acerca de cómo se debe corregir, reprender y disciplinar a un hermano o hermana en Cristo que está en pecado?

"Hermanos, si alguno fuere sorprendido en alguna falta, vosotros que sois espirituales, restauradle con espíritu de mansedumbre, considerándote a ti mismo, no sea que tú también seas tentado" (Gálatas 6:1).

"Porque el siervo del Señor no debe ser contencioso, sino amable

para con todos, apto para enseñar, sufrido; que con mansedum-
bre corrija a los que se oponen, por si quizá Dios les conceda que
se arrepientan para conocer la verdad, y escapen del lazo del dia-
blo, en que están cautivos a voluntad de él" (2 Timoteo 2:24-26).

"...que prediques la palabra; que instes a tiempo y fuera de tiem-
po; redarguye, reprende, exhorta con toda paciencia y doctrina"
(2 Timoteo 4:2).

"Toda la Escritura es inspirada por Dios, y útil para enseñar,
para redargüir, para corregir, para instruir en justicia, a fin de
que el hombre de Dios sea perfecto, enteramente preparado para
toda buena obra" (2 Timoteo 3:16, 17).

10. Si necesita reprender o corregir a otro hermano que muestra
una conducta airada en la casa o en la iglesia, ¿cómo usaría las
Escrituras para corregirlo efectivamente y a la vez ayudarle a
tener victoria sobre esa conducta temperamental? Explique las
pautas que usaría para continuar ayudando a dicho hermano en
el futuro.

11. ¿Por qué es imperativo que como líder sea usted benigno en
espíritu y con una conducta controlada por el Espíritu Santo para
aplicar disciplina con ternura en la iglesia?

Los versículos siguientes le ayudarán a contestar la pregunta. Asegúrese de ver el significado de la palabra *ternura* en dife-
rentes traducciones (griego: *praÿtês, praÿs: gentileza, humildad o*
cortesía).

"Llevad mi yugo sobre vosotros, y aprended de mí, que soy manso y humilde de corazón; y hallaréis descanso para vuestras almas; porque mi yugo es fácil, y ligera mi carga" (Mateo 11:29-30).

"Yo Pablo os ruego por la mansedumbre y ternura de Cristo, yo que estando presente ciertamente soy humilde entre vosotros, mas ausente soy osado para con vosotros" (2 Corintios 10:1).

"¿Qué queréis? ¿Iré a vosotros con vara, o con amor y espíritu de mansedumbre?" (1 Corintios 4:21).

"Hermanos, si alguno fuere sorprendido en alguna falta, vosotros que sois espirituales, restauradle con espíritu de mansedumbre, considerándote a ti mismo, no sea que tú también seas tentado" (Gálatas 6:1).

"...que con mansedumbre corrija a los que se oponen, por si quizá Dios les conceda que se arrepientan para conocer la verdad" (2 Timoteo 2:25).

"...mansedumbre, templanza; contra tales cosas no hay ley" (Gálatas 5:23).

"...con toda humildad y mansedumbre, soportándoos con paciencia los unos a los otros en amor (Efesios 4:2).

"Vestíos, pues, como escogidos de Dios, santos y amados, de entrañable misericordia, de benignidad, de humildad, de mansedumbre, de paciencia" (Colosenses 3:12).

"Antes fuimos tiernos entre vosotros, como la nodriza que cuida con ternura a sus propios hijos" (1 Tesalonicenses 2:7).

"Porque el siervo del Señor no debe ser contencioso, sino amable para con todos, apto para enseñar, sufrido" (2 Timoteo 2:24). (Aquí y en la cita anterior la palabra griega es *êpios*: "tierno", "amable").

Reflexión

El amor provee las actitudes correctas para ejercer la disciplina y restauración en la iglesia. El amor actúa con paciencia y bondad; el amor es compasivo, se compadece de la miseria del pecador impenitente y trata de aliviar su dolor y rescatarlo de la muerte. Manos amorosas son manos que sanan, que son tiernas y firmes.

Liderando con amor, página 205

---

12. a. En términos sencillos, describa qué es tratar a los demás "con espíritu de mansedumbre", y cómo se expresaría en la práctica (1 Corintios 4:21).

b. Describa qué es lo opuesto a gentileza y cómo se expresaría en la práctica.

13. Explique los siguientes versículos y cómo ellos le pueden ayudar a tratar más efectivamente con las personas y su pecado:

"Mas la lengua de los sabios es medicina" (Proverbios12:18b). *"Panal de miel son los dichos suaves; suavidad al alma y medicina para los huesos"* (Proverbios 16:24).

"La muerte y la vida están en poder de la lengua" (Proverbios 18:21a).

"Y la lengua blanda quebranta los huesos" (Proverbios 25:15b).

"Sea vuestra palabra siempre con gracia, sazonada con sal, para que sepáis cómo debéis responder a cada uno" (Colosenses 4:6).

"...porque la ira del hombre no obra la justicia de Dios" (Santiago 1:20).

14. ¿Qué pasos prácticos puede tomar para demostrar más su amor y estimular a las personas que usted lidera? Comparta sus ideas con el grupo de estudio.

Reflexión

No confrontar el pecado o la falsa enseñanza de un creyente en nombre de la tolerancia y el amor, es tolerancia falsificada y amor tergiversado... Fue por la severa disciplina impuesta por Pablo, no la tolerancia lánguida de la iglesia, que este hombre en pecado recibió genuina esperanza y ayuda, para que su *espíritu sea salvo en el día del Señor Jesús"* (1 Corintios 5:5).

Liderando con amor, página 212

Las obras de un
líder que ama

Esta lección cubre las páginas 215 a 239 de *Liderando con amor*.
Lea estas páginas antes de hacer la lección.

Comience leyendo los siguientes pasajes:

"Pero si os mordéis y os coméis unos a otros, mirad que también no os consumáis unos a otros" (Gálatas 5:15).

"Y ante todo, tened entre vosotros ferviente amor; porque el amor cubrirá multitud de pecados" (1 Pedro 4:8).

"No os venguéis vosotros mismos, amados míos, sino dejad lugar a la ira de Dios; porque escrito está: Mía es la venganza, yo pagaré, dice el Señor. Así que, si tu enemigo tuviere hambre, dale de comer; si tuviere sed, dale de beber; pues haciendo esto, ascuas de fuego amontonarás sobre su cabeza. No seas vencido de lo malo, sino vence con el bien el mal" (Romanos 12:19-21).

"Pues este es el amor a Dios, que guardemos sus mandamientos; y sus mandamientos no son gravosos" (1 Juan 5:3).

"Si guardareis mis mandamientos, permaneceréis en mi amor; así como yo he guardado los mandamientos de mi Padre, y permanezco en su amor" (Juan 15:10).

Capítulo 17: Administra los conflictos hacia

"un camino más excelente"

1. Explique el significado de Gálatas 5:15.

Reflexión

Una de las estrategias más exitosas de Satanás para mantener débiles e ineficaces a las iglesias es con disputas y conflictos no resueltos. Esta es una cuestión de vida o muerte en nuestras iglesias locales. Por lo tanto, como líder cristiano, no sólo va a tener que enfrentar muchos conflictos, sino también administrarlos según los principios bíblicos.

Liderando con amor, página 216

---

2. A continuación hay una lista de quince descripciones del amor (1 Corintios 13:4-7). Recuerde que cada una de estas declaraciones negativas tienen una contraparte positiva. Utilice también estas contrapartes positivas para sus respuestas.

El amor de acuerdo a 1 Corintios 13:4-7 es:

1. Paciente
2. Sufrido

---

3. No tiene envidia   Se deleita en el triunfo y talentos

de los demás

4. No es jactancioso   Promueve a otros
5. No se arrogante   Es humilde y modesto
6. No se comporta con
   rudeza   Demuestra buen decoro
7. No busca lo suyo   Es sacrificado
8. No se irrita   Es calmado
9. No guarda rencor   Es perdonador
10. No se goza de la injusticia
11. Se goza de la verdad

_____

12. Todo lo sufre
13. Todo lo cree
14. Todo lo espera
15. Todo lo soporta

_____

a. Según su opinión, ¿cuáles son las dos faltas más comunes que causan conflictos entre los creyentes? Explique por qué.

b. ¿Cuáles son las dos faltas más comunes que normalmente perpetúan el conflicto y obstaculizan la solución?

c. ¿Cuáles son las dos virtudes más efectivas para reducir conflictos entre creyentes? Explique por qué.

3. Cuando confronta un conflicto, y todos tenemos que hacerlo alguna vez, ¿qué dos características debe tener siempre en mente para no agravar o perpetuar el conflicto?

_____

Reflexión

Cuando los sentimientos han sido heridos, las personas a menudo se sienten justificadas a hacer cualquier cosa que quieran en represalia. Pueden dejar la iglesia, dividir la iglesia, explotar con enojo incontrolado, dejar de hablar con otros creyentes, mentir, odiar y murmurar. Tratan de justificar la conducta más impía y pecaminosa con la simple excusa, "¡Es que me han ofendido!".

Liderando con amor, página 224

_____

4. La iglesia en Filipo estaba experimentando conflictos internos. La solución que Pablo da y que abarca todo para resolver los conflictos es Filipenses 2:1-8.

"Por tanto, si hay alguna consolación en Cristo, si algún consuelo de amor, si alguna comunión del Espíritu, si algún afecto entrañable, si alguna misericordia, completad mi gozo, sintiendo lo mismo, teniendo el mismo amor, unánimes, sintiendo una misma cosa. Nada hagáis por contienda o por vanagloria; antes bien con humildad, estimando cada uno a los demás como supe-

riores a él mismo; no mirando cada uno por lo suyo propio, sino
cada cual también por lo de los otros. Haya, pues, en vosotros
este sentir que hubo también en Cristo Jesús, el cual, siendo en
forma de Dios, no estimó el ser igual a Dios como cosa a que afer-
rarse, sino que se despojó a sí mismo, tomando forma de siervo,
hecho semejante a los hombres; y estando en la condición de hom-
bre, se humilló a sí mismo, haciéndose obediente hasta la muerte,
y muerte de cruz" Filipenses 2:1-8.

Explique cómo este pasaje ayuda a reducir y calmar los conflictos entre creyentes.

5. Hacer la paz es un acto de amor bendecido por el Señor
Jesucristo, Mateo 5:9.

a. ¿Cuáles son las características amorosas y bíblicas de los
pacificadores?

b. ¿En que área de su vida, necesita trabajar para desarro-
llarse como un pacificador bíblico?

6. Cuando los creyentes están involucrados en conflictos amargos; cuando palabras hirientes han sido dichas y los sentimientos han sido dañados profundamente; ¿cómo dice la Biblia que debemos responder? Anote sus repuestas incluyendo un pasaje de la Biblia que lo apoye. Sea explícito en la respuesta.

7. ¿Cómo puede demostrar amor hacia aquéllos que no le caen bien, o con quien no tiene buena relación porque han herido sus sentimientos? Explique su respuesta en términos prácticos.

Capítulo 18: Obedece a Cristo y enseña a obedecer.

8. En la sección titulada "Conectando amor y obediencia" (página 228), se ofrecen cuatro puntos de la conexión entre amor y obediencia. Resuma cada uno de estos puntos brevemente en sus propias palabras y explique cuál de éstos encuentra más provechoso para su entendimiento de obediencia y amor.

9. a. ¿Qué quiere decir el autor cuando afirma que: "no es suficiente solamente enseñar información sobre Cristo, debemos enseñar, exhortar y entrenar discípulos a obedecer y vivir de acuerdo a los mandamientos de Cristo?".

b. ¿En qué manera usted está activamente enseñando y exhortando a las personas que lidera a obedecer los mandamientos de Cristo?

Reflexión

Una de las más grandes bendiciones que una iglesia puede experimentar es que sus líderes amen al Señor y se deleiten en obedecer su Palabra. Conmueve el corazón ver a una iglesia donde los líderes están comprometidos a obedecer la Escritura. Ansiosos por buscar la voluntad de Dios, y determinados a guiar a la iglesia en formas que agradan al Señor, dichos líderes son mejores líderes porque son mucho menos inclinados a descuidar sus deberes pastorales otorgados por Dios.

Liderando con amor, páginas 236 y 237

10. Explique los siguientes dos versículos de la Escritura en

(1 Samuel 15:22-23):

"¿Se complace Jehová tanto en los holocaustos y víctimas, como en que se obedezca a las palabras de Jehová?".

"Porque como pecado de adivinación es la rebelión".

11. Este pasaje del Antiguo Testamento habla de los reyes de Israel que obedecían a su manera los mandatos de Dios. Dé un ejemplo moderno de obediencia al Señor hecha a medias, que resulta en un daño serio para la iglesia.

12. ¿Cómo pueden los líderes obedientes ser mejores líderes y maestros en la iglesia? Anote tantas ideas como le sea posible.

13. ¿Qué problemas enfrentaría personalmente, si simplemente escucha del amor y está de acuerdo en que es importante, pero no pone en práctica diariamente el ejemplo neotestamentario del amor? Use Santiago 1:22-26 para contestar esta pregunta.

14. ¿Qué otros pasos prácticos puede tomar para ser un líder más obediente al practicar el mandamiento sobre el principio del amor del Nuevo Testamento?

Reflexión

La Biblia dice: *"Pero sed hacedores de la palabra, y no tan solamente oidores, engañándoos a vosotros mismos"* **(Santiago 1:22). Si nosotros oímos las palabras de Dios pero no las obedecemos, nos engañamos y sus palabras no tienen poder transformador duradero sobre nosotros (Santiago 1:22-25). Meramente oír las palabras de Dios acerca del amor no es suficiente. Debemos hacer que nuestras mentes estén ansiosas y que seamos "hacedores de la palabra".**

Liderando con amor, páginas 237 y 238

www.ingramcontent.com/pod-product-compliance
Lightning Source LLC
Chambersburg PA
CBHW071901020426
42331CB00010B/2610